PROFIL D'UNE ŒUVRE

Collection dirigée par Georges Décote

LE MISANTHROPE

MOLIÈRE

Analyse critique

par Robert HORVILLE
Docteur ès Lettres

HATIER

Sommaire

ISSN 0750 - 2516   ISBN 2-218-05259-8

Introduction

« LE MISANTHROPE » : DÉFINITION D'UN TITRE

Le Misanthrope : c'est là le titre que Molière a donné à sa pièce. Un titre, ce n'est pas innocent. Qu'il ait pour fonction de renseigner le lecteur ou le spectateur sur le sujet traité, ou qu'il se propose, au contraire, de l'égarer malicieusement sur une fausse piste, il est, dans tous les cas, révélateur de ce que projette l'écrivain. Avant même d'aborder l'étude de la comédie, il est donc utile de préciser la signification de ce qui constitue comme une étiquette apposée par Molière sur son œuvre. L'information que l'on pourra ainsi recueillir se révèle, dans le cas présent, d'autant plus précieuse que ce titre annonce ce dont il va être question, en indiquant la personnalité de celui qui sera l'acteur principal de l'action.

Quel sens véhicule ce terme de « misanthrope », lorsqu'on le prononce à notre époque ? Consultons un dictionnaire moderne, par exemple le Petit Robert ; il fournit d'abord l'étymologie du mot ; il signale qu'il est composé de deux racines grecques : l'une signifie « haïr » et l'autre « homme ». Le misanthrope serait donc celui qui hait ses semblables. La définition du mot utilisé dans son sens fort confirme cette première indication : le misanthrope est présenté comme une « Personne qui manifeste de l'aversion pour le genre humain ». Mais il peut être aussi entendu dans une signification affaiblie, pour désigner une « Personne qui a le caractère sombre, aime la solitude, évite la société ». Les synonymes indiqués, « atrabilaire, ours, sauvage, solitaire », complètent la description : le misanthrope apparaît comme un être difficile à vivre, replié sur lui-même, incapable de relations détendues avec les autres.

ÊTRE MISANTHROPE AU XVIIe SIÈCLE

Si l'on se réfère au titre qu'il a donné à sa pièce, Molière va s'efforcer de dépeindre le comportement d'un misanthrope au XVIIe siècle. Cette description prend place dans cette galerie de portraits que l'auteur a entrepris de peindre dans ses comédies. Son double but, il l'a répété souvent, est d'instruire et d'amuser. En quoi le personnage sur lequel il se penche ici est-il susceptible de répondre à ce dessein ? Voilà qui revient à s'interroger sur ce que signifie être misanthrope au XVIIe siècle.

A cette époque de monarchie absolue, règne une organisation sociale caractérisée par une grande rigidité. Elle repose sur l'existence de règles qu'il convient de respecter impérativement. Parmi elles, la soumission aux faux-semblants de la politesse, l'adoption d'une réserve de bon ton, la recherche du brillant revêtent une importance essentielle, permettent de distinguer l'« honnête homme », le bon courtisan qui a seul sa place dans ce monde d'apparences.

Dès lors, celui qui refuse ce jeu de la dissimulation et de la compromission, qui aspire à la vérité, à la sincérité, apparaît comme un être en marge. On lui reproche les excès de ses attitudes ; on le taxera vite d'anormalité. Il n'est plus en contact avec la réalité sociale du milieu où il vit et se trouve rapidement rejeté, s'il ne s'exclut pas lui-même. Son refus d'adhérer à l'hypocrisie est facilement interprété comme une impossibilité de s'adapter à la vie collective. Et son entourage se rassure en faisant de ce refus la marque d'une maladie psychique, elle-même conséquence d'un état corporel. Le comique va naître des contradictions éclatant chez un être obligé à des soumissions pour survivre et incapable de les assumer ; les conséquences négatives des comportements excessifs vont pouvoir être dégagées : les mésaventures, les échecs du personnage viendront sanctionner son inadaptation.

« LE MISANTHROPE » : PIÈCE-MUSÉE
OU PIÈCE VIVANTE ?

Les temps ont changé. L'organisation sociale s'est profondément modifiée. Les règles de la vie collective ne sont plus les mêmes. Les mots ont évolué ainsi que les notions qu'ils véhiculent : aujourd'hui le terme de « misanthrope » n'est plus guère utilisé. Il a vieilli ; il a été remplacé par d'autres termes dont la signification ne correspond plus exactement à celle qui était la sienne au XVIIe siècle. Pour désigner un être mal à l'aise avec les autres, on parlera plutôt maintenant d'asocial. Pour décrire ces difficultés qu'éprouve l'être humain à se supporter et à supporter autrui, les spécialistes se serviront de toute la gamme des termes qui évoquent les maladies psychiques.

Dès lors, l'on voit l'intérêt que peut présenter, pour un lecteur ou un spectateur actuels, le sujet du *Misanthrope*. Certes, l'œuvre contient un certain nombre d'éléments anecdotiques qui la datent. Mais ce n'est pas pour autant une pièce vieillie, poussiéreuse, qu'il conviendrait de reléguer, avec beaucoup de respect, dans le musée de la culture. Elle nous concerne, parce qu'elle pose des problèmes que nous nous posons. Elle décrit la division de l'être humain qui voit se combattre en lui des impulsions et des obligations contraires : qui n'a pas connu, un jour, de telles contradictions ? Elle montre les antagonismes qui opposent le désir individuel et les nécessités sociales : qui n'a pas, un jour, eu à régler de tels conflits ? Cette actualité est la marque incontestable de ce qui fait la véritable œuvre d'art capable, par sa richesse, de toucher des générations successives.

TABLEAU CHRONOLOGIQUE :
VIE ET ŒUVRE DE MOLIÈRE

1622 - Naissance de Molière. On en ignore la date exacte. Mais il est baptisé à Paris, à l'église Saint-Eustache, le 15 janvier 1622 et, à l'époque, le baptême avait lieu peu de temps après la naissance. Il est le fils de Jean Poquelin, riche tapissier de la rue Saint-Honoré, et de Marie Cressé. Il reçoit le nom de Jean ; on l'appellera Jean-Baptiste, lorsqu'en 1624 naîtra son frère également prénommé Jean.

1631 - Son père devient « tapissier ordinaire de la maison du roi » et « valet de chambre du roi », fonctions honorifiques, sources de prestige et de considération.

1632 - Mort de la mère de Molière, Marie Cressé, qui laisse cinq enfants.

1633 - Son père se remarie.

1636-1640 - Études au collège de Clermont, à Paris, qui est devenu depuis le lycée Louis-le-Grand.

1640 - Études de droit à Orléans. Mais Molière ne deviendra jamais avocat.

1643 - Rupture avec sa famille. Il abandonne à son frère cadet la charge de tapissier du roi.
Il signe, avec notamment les Béjart, le contrat de constitution de l'Illustre Théâtre (30 juin) qui s'installe à Paris.

1645 - Faillite du théâtre et incarcération de Molière pour dettes.

1645-1658 - A la tête d'une troupe itinérante, il parcourt la province.
Il rédige quelques pièces, parmi lesquelles nous sont seulement parvenues *La Jalousie du Barbouillé*, *Le Médecin volant*, *L'Étourdi* et *Le Dépit amoureux*.

1658 - Molière et sa troupe, qui a reçu la protection du frère du roi, joue devant Louis XIV le 24 octobre. C'est une farce, *Le Docteur amoureux*, plutôt que la tragédie *Nicomède* de Corneille, qui plaît à son public de cour.
Création à Paris du *Dépit amoureux* (9 décembre).

1659 - Création des *Précieuses ridicules* (18 novembre).

1660 - Création de *Sganarelle, ou le Cocu imaginaire* (28 mai).

1661 - Création de *Dom Garcie de Navarre* (4 février).
Création de *L'École des maris* (24 juin).
Première publique des *Fâcheux* (4 novembre) créés devant la cour au château de Fouquet à Vaux-le-Vicomte le 15 août.

1662 - Molière épouse la comédienne Armande Béjart qui est alors âgée de vingt ans (20 février).
Création de *L'École des femmes* (26 décembre).

1663 - Une violente polémique s'engage autour de *L'École des femmes*. Molière répond aux attaques en créant, sur la scène du Palais-Royal, *La Critique de l'École des femmes* (1er juin), puis, à Versailles, devant le roi, *L'Impromptu de Versailles* (14 octobre) dont il donnera la première publique le 4 novembre. Il reçoit une pension royale de mille livres.

1664 - Naissance d'un fils, Louis (19 janvier), qui mourra peu après. Le roi avait accepté d'en être le parrain.
Représentation au Louvre, devant le roi, du *Mariage forcé*, sorte de farce-ballet (29 janvier) ; la première représentation publique aura lieu le 15 février.
Au cours de fêtes à Versailles (7-13 mai), Molière crée *La Princesse d'Élide* (8 mai), qu'il reprendra sur la scène du Palais-Royal (9 novembre), et *Tartuffe* (12 mai).
Interdiction de *Tartuffe* (13 mai).

1665 - Création de *Dom Juan* (15 février). La pièce est interdite après quinze représentations.
Le roi donne son nom à la troupe de Molière et lui accorde une pension de six mille livres (14 août).
Création, à Versailles, de *L'Amour médecin* (15 septembre). La première représentation publique aura lieu le 22 septembre.
A la fin de l'année, Molière tombe gravement malade.

1666 - Création du *Misanthrope* (4 juin).
Création du *Médecin malgré lui* (6 août).
Molière représente *Mélicerte* devant le roi au château de Saint-Germain-en-Laye, dans le cadre du divertissement du *Ballet des Muses* (2 décembre).

1667 - *Le Ballet des Muses* continue. Molière y joue la *Pastorale comique* (5 janvier) et *Le Sicilien ou l'Amour peintre* (8 février) repris au Palais-Royal le 10 juin.
Reprise de *Tartuffe* (5 août) interdit dès le lendemain.

1668 - Création d'*Amphitryon* (13 janvier).
Molière participe au Grand divertissement royal de Versailles, en donnant *George Dandin* (15 juillet) dont la première publique aura lieu le 9 novembre.
Création de *L'Avare* (9 septembre).

1669 - Levée de l'interdiction de *Tartuffe* repris avec succès sur la scène du Palais-Royal (5 février).
Création, devant le roi, à Chambord, de *Monsieur de Pourceaugnac* (6 octobre), repris publiquement le 15 novembre.

1670 - Représentation du divertissement *Les Amants magnifiques* au château de Saint-Germain-en-Laye (4 février).
Création, au château de Chambord, devant le roi, de la comédie-ballet *Le Bourgeois gentilhomme* (14 octobre) repris en public le 23 novembre.

1671 - Création, de la tragi-comédie-ballet *Psyché* au Palais des Tuileries (17 janvier) dont la première représentation publique a lieu le 24 juillet.
Création des *Fourberies de Scapin* (24 mai).

1672 - Création à Saint-Germain-en-Laye, devant le roi, de *La Comtesse d'Escarbagnas* (février) : reprise en public le 8 juillet.
Mort de Madeleine Béjart, sœur d'Armande (17 février).
Création des *Femmes savantes* (11 mars).

1673 - Création du *Malade imaginaire* (10 février).
Molière meurt à cinquante et un ans, au cours de la quatrième représentation de sa dernière pièce (17 février).

« Le Misanthrope » (1666) et Molière

1664-1666 : L'APOGÉE D'UNE CARRIÈRE

12 mai 1664 : Molière donne à Versailles une première version de son *Tartuffe* en trois actes, primeur de cette nouvelle pièce qu'il offre au roi Louis XIV à l'occasion de grandioses fêtes de cour.

4 juin 1666 : à la tête de sa troupe, il crée, sur la scène du Palais-Royal, *Le Misanthrope*, dont il vient d'achever la rédaction.

Ces deux années constituent certainement la période la plus importante de sa carrière. Il est alors arrivé à un tournant de sa vie et de son œuvre. Quadragénaire, il semble avoir atteint la force de son âge : mais déjà miné par la maladie qui, dès la fin de l'année 1665, l'amènera à interrompre son activité pendant plus de deux mois, il mourra peu après cinquante ans, le 17 février 1673. Parvenu au milieu de son travail de création, il paraît dans la plénitude de son succès : mais l'ampleur même de sa réussite suscite aigreur et contestation de la part des auteurs et hommes de théâtre concurrents auxquels il porte ombrage.

Il semble avoir trouvé une manière à la hauteur de son génie, en élaborant ce que l'on pourrait appeler la comédie « politique », genre de grande ambition dont le but est de poser avec vigueur les rapports que l'individu entretient avec la société, source du pouvoir et de l'autorité : mais de ce chemin qu'il est en train de tracer, les hypocrites, les privilégiés s'efforcent de le détourner.

Ce sont ces ambiguïtés, ces contradictions qui expliquent peut-être pourquoi Molière abandonnera rapidement ce sommet atteint durant ces deux ans, avec *Tartuffe* (1664), *Dom Juan* (créé le 15 février 1665) et *Le Misanthrope* (1666). L'ascension qui l'aura conduit jusquelà avait été rude et longue ; la descente sera beaucoup plus rapide. Le triomphe de la comédie « politique » aurait pu être irrésistible : les circonstances le rendirent éphémère. Ainsi en va-t-il de la vie culturelle profondément dépendante de tout un environnement historique.

COMIQUE RECONNU ET TRAGÉDIEN CONTRARIÉ

Avant d'en venir à ce stade de son inspiration, Molière a connu une évolution sensible. Entre ses débuts et ces années 1664-1666, l'image qu'il offre au public s'est considérablement modifiée.

Voilà plus de vingt ans qu'il a noué ses premiers liens avec l'univers du théâtre. Ce bourgeois, décidé à échapper au monde du commerce dont font partie ses parents, expérimente d'abord le métier d'acteur, avant de se lancer dans la grande aventure de l'écriture. Après une expérience parisienne malheureuse (1643-1645), à la tête d'une troupe de comédiens ambulants, il parcourt les campagnes, donne des représentations dans des lieux scéniques de fortune, mène une existence mouvementée, riche d'expériences humaines et techniques, mais aussi pleine de dangers et d'impondérables(1645-1658). Ce ne sont pas alors les rôles comiques qu'il interprète de façon privilégiée. C'est plutôt la tragédie qu'il joue. Voilà qui peut paraître surprenant de la part d'un homme qui se posera, par la suite, comme le maître incontesté de la comédie. Mais le paradoxe n'est qu'apparent : tout naturellement, il s'efforce de servir le répertoire qui s'offre à lui, à une époque où le genre comique, qui ne sort que difficilement de sa léthargie, ne produit qu'un petit nombre d'œuvres théâtrales.

Certes, il commence à écrire, mais ce n'est qu'accessoirement ; et il ne s'agit pas de compositions très élaborées : *La Jalousie du Barbouillé* ou *Le Médecin volant* ne sont en réalité que des canevas ténus, reprises de la tradition populaire italienne de la commedia dell'arte. Exploitant le comique facile des gestes et des mimiques, ce ne sont là que de rapides diversions : ces petites pièces, selon l'usage de l'époque, avaient pour but de faire patienter le public avant le début du spectacle tragique ou de rompre la tension de la représentation en l'achevant sur l'éclat franc et tonifiant du rire. *L'Etourdi* et *Le Dépit amoureux* sont déjà des œuvres d'une plus haute tenue, mais elles sont fortement inspirées d'auteurs italiens.

Cette situation se maintiendra non seulement durant toute cette période d'apprentissage, mais persistera encore après l'installation de Molière à Paris en 1658. Une sorte de malentendu s'instaure entre le public et le comédien. Sa sensibilité tragique est méconnue : lorsqu'il joue pour la première fois à la cour le 24 octobre 1658, c'est *Le Docteur amoureux*, au comique sans nuances, qui obtient le succès ; ce sont les sources vives du rire, au détriment des tragédies, qui séduisent le public parisien ; lorsqu'en 1661, il donne son *Dom Garcie de Navarre*, essai dans le genre héroïque proche de la tragi-comédie, il connaît un échec mémorable.

Bref, Molière est considéré comme le continuateur des « farceurs », ces interprètes des farces, comédies qui provoquent le gros rire à coups d'effets peu nuancés, ce qui attire sur lui des appréciations variées, au gré des motivations de ses juges : c'est un amuseur de talent pour le roi et la cour dont il devient le fournisseur attitré des divertissements ; c'est un rival redoutable et bientôt détesté pour ses confrères qui constatent avec amertume la montée de son succès ; c'est un grotesque, dont le refus des règles de l'écriture et les atteintes aux bienséances, dues à son désir de rendre compte de la réalité de la vie, sont condamnés par les érudits.

A LA RECHERCHE D'UNE NOUVELLE MANIÈRE

Dès 1659, avec *Les Précieuses ridicules*, Molière s'était essayé à une manière plus sérieuse, à un type de comédie de mœurs visant à la dénonciation des manies contemporaines. Cette orientation va se confirmer avec, en 1662, la création de *L'Ecole des femmes*.

Désormais, sa carrière suit trois directions. Il n'abandonne pas sa vocation de « farceur » : il utilise volontiers le gros comique, soit en le développant de façon spécifique, comme dans *Le Mariage forcé* (1664) ou *L'Amour médecin* (1665), soit en le mêlant à un ton plus relevé, comme dans *L'Ecole des femmes* (1662). Il ne renonce pas non plus à ses œuvres de divertissement, élaborant volontiers, avec *La Princesse d'Elide* (1664) par exemple, des comédies-ballets, dans la tradition du spectacle de cour.

Mais surtout, il s'engage sur ce terrain dangereux de la comédie « politique ». *Les Précieuses ridicules* (1659) avaient déjà provoqué bien des remous. Ses ennemis avaient réussi à obtenir que les représentations fussent un moment suspendues. Avec *L'Ecole des femmes* (1662), les positions se durcissent. Les attaques gagnent en virulence. Habilement, ses adversaires en déplacent le champ d'application. Ils le présentent comme un danger public qu'il faut combattre. Ils lui reprochent en réalité les ridicules dont il accable ses personnages. Ils ne s'y reconnaissent que trop, mais feignent de découvrir dans ses pièces des critiques contre les valeurs fondamentales, des atteintes insupportables à la morale. Et ils l'accusent d'un travail de sape contre la société.

Ainsi se constitue une véritable cabale réunissant concurrents aigris, courtisans ridiculisés, hypocrites en tout genre qui ont trouvé un terrain de polémique des plus favorables : ce sont là en effet des accusations auxquelles tout homme de bien est tenté d'adhérer ; c'est là une indignation qui permet à certains de se venger, tout en se dissimulant derrière le masque de la vertu et en s'attirant ainsi les applaudissements de tous.

Face à cette campagne de dénigrement, Molière ne va

pas rester sans voix. En réponse au travail de démolition mené contre *L'Ecole des femmes,* il riposte, en défendant à la fois ses conceptions théâtrales et ses intentions morales : et ce seront les deux seules pièces polémiques de sa carrière, *La Critique de L'Ecole des femmes* et *L'Impromptu de Versailles* (1663).

UN HOMME À ABATTRE

Durant les années suivantes (1664-1666), le combat s'intensifie, les positions se raidissent. En 1664, *Tartuffe* qui dénonce l'hypocrisie religieuse met le feu aux poudres. De bonne ou de mauvaise foi, les esprits pieux lui font un procès d'intention, en le soupçonnant d'attaquer, par ce biais, la véritable religion.

C'est le déchaînement de la haine et de l'intolérance. On va jusqu'à souhaiter sa mort, comme le curé Pierre Roullé qui, dans *Le Roi glorieux au monde, ou Louis XIV le plus glorieux de tous les rois du monde* (1664), note : « Il (Molière) méritait par cet attentat sacrilège et impie un dernier supplice exemplaire et public et le feu même avant-coureur de celui de l'enfer, pour expier un crime si grief[1] de lèse-majesté divine, qui va ruiner la religion catholique, en blâmant et jouant sa plus religieuse et sainte pratique, qui est la conduite et direction des âmes et des familles par de sages guides et conducteurs pieux. »

Les accusateurs eurent finalement le dernier mot : la pièce fut interdite aussitôt après la première représentation, et cette interdiction ne fut levée qu'en 1669. Louis XIV, le protecteur de Molière, n'avait pas pu ou n'avait pas voulu défendre son protégé. Cet abandon n'est-il pas d'ailleurs un témoignage des rapports contrastés qui lièrent les deux hommes ? Certes Molière était utile au roi, en s'attaquant aux usurpateurs de pouvoir : mais le monarque, tout au moins à cette époque, devait encore tenir compte de la puissance toujours redoutable des groupes de pression. Certes, Louis XIV appréciait le talent

1. Grave.

de l'homme de théâtre : mais ce qu'il voyait en lui, c'était l'amuseur capable d'élaborer ces divertissements dont la cour était friande.

Privé de sa nouvelle pièce, Molière ne désarme pas. Il riposte en 1665 avec *Dom Juan* ; il essaye de s'opposer à la double tentative de ses adversaires qui s'acharnent à la fois à le déconsidérer moralement en dénaturant sa pensée et à le ruiner matériellement, en compromettant, à grand renfort d'interdictions, la gestion de son théâtre. C'est de nouveau le coup d'arrêt, après quelques représentations. Ce sont de nouveau les attaques d'une violence inouïe, comme celles contenues dans ce sonnet anonyme :

« Tout Paris s'entretient du crime de Molière.
Tel dit : j'étoufferai cet infâme bouquin[1],
L'autre : je donnerai à ce maître faquin[2]
De quoi se divertir à grands coups d'étrivière[3].

Qu'on le jette lié au fond de la rivière
Avec tous ces impies compagnons d'Arlequin ;
Qu'on le traite en un mot comme dernier coquin,
Que ses yeux pour toujours soient privés de lumière.

Tous ces maux différents ensemble ramassés
Pour son impiété ne seraient pas assez ;
Il faudrait qu'il fût mis entre quatre murailles,

Que ses approbateurs le vissent en ce lieu,
Qu'un vautour jour et nuit déchirât ses entrailles,
Pour montrer aux impies à se moquer de Dieu. »

« LE MISANTHROPE » : CRÉATION ET REPRÉSENTATIONS

C'est dans ce contexte de lutte que se situe *Le Misanthrope*. Molière y travaillait déjà depuis deux ans, lorsqu'il l'achève au début de 1666, profitant d'un repos forcé causé par une grave maladie. La pièce fut créée sur la scène du Théâtre du Palais-Royal, le 4 juin 1666. A s'en tenir aux recettes, elle ne connut qu'un succès honnête : la première

1. Vieux bouc.
2. Homme méprisable.
3. A grands coups de fouet (l'étrivière désigne la courroie qui sert à porter les étriers).

représentation rapporta 1 447 livres, bien moins que *Tartuffe*, lors de la reprise de 1669, avec 2 860 livres, ou que *Dom Juan* qui, lors de sa création en 1665, réalisa 2 390 livres.

Molière, à quarante-quatre ans, y interprétait le rôle principal d'Alceste : ayant l'habitude de se charger des meneurs de jeu qui donnent leur rythme au spectacle, il devait prêter à son personnage un entrain de bon aloi qui venait contrebalancer sa misanthropie. Sa jeune femme Armande Béjart, interprète habituelle des coquettes, incarnait une Célimène de vingt-quatre ans. Mademoiselle de Brie jouait une Arsinoé de trente-six ans. Mademoiselle Du Parc se chargeait, à trente-trois ans, du rôle d'Eliante, fidèle en cela à son emploi de jeune première. La Grange, le jeune premier de la troupe, devait, à trente et un ans, être un Philinte plein de séduction et de distinction. Il semble que le ridicule Oronte ait été dévolu à Hubert, acteur de trente-deux ans habitué aux emplois de grotesques. Quant aux deux marquis, Acaste et Clitandre, ils devaient être confiés à La Thorillière, acteur de quarante ans plein d'élégance et peut-être à Béjart, comédien de trente-six ans, voués aux rôles secondaires.

LA FIN DE LA COMÉDIE « POLITIQUE »

La pièce de Molière s'inscrit incontestablement dans la ligne de ses comédies « politiques ». Les rapports de convention entre les individus exigés par l'institution sociale sont ici représentés. L'auteur met en scène la loi de la jungle mal dissimulée sous le vernis de la politesse et dépeint la situation des êtres en marge de la norme.

Ce sujet, Molière l'a presque totalement imaginé ; contrairement à ce qui se passe dans un grand nombre de ses comédies, il ne s'est pas servi d'un schéma théâtral déjà existant. Tout au plus, a-t-il exploité, pour des détails, quelques sources livresques qu'il a totalement assimilées et intimement intégrées à la trame de son intrigue. Dès lors, il est vain de s'interroger sur les personnes réelles qu'il aurait voulu représenter : qu'importe en effet que Molière ait voulu évoquer sa propre misanthropie ou celle de Monsieur de Montausier, gouverneur du Dauphin, réputé pour ses mœurs austères ; qu'il ait décrit ses propres rapports avec sa jeune épouse, Armande Béjart ; ou qu'il ait peint Boileau sous les traits d'Oronte ? Ce sont là des éléments anecdotiques bien secondaires, au regard de la profondeur du problème traité.

LA RETOMBÉE DE L'INSPIRATION

Bien que traitant de sujets graves, *Le Misanthrope* ne parut pas à l'époque remettre fondamentalement en cause les situations acquises : la pièce ne s'en prenait plus, comme *Tartuffe* ou *Dom Juan*, à l'hypocrisie régnant dans le domaine de la religion, de la famille ou de l'argent. Elle ne visait que l'hypocrisie dans les manières à laquelle s'attachait une réprobation morale moindre. Molière avait donc baissé le ton, ce qui explique le répit que lui laissent alors ses adversaires. Sa pièce, en effet, après les deux interdictions précédentes, connut une carrière paisible.

Bien loin de revenir aux rudes dénonciations de *Tartuffe* et de *Dom Juan*, Molière, prudent et peut-être usé par la lutte, abandonna, jusqu'à la fin de sa carrière, la comédie « politique » qu'il avait créée. Désormais, jusqu'à sa mort, il va pratiquer une inspiration beaucoup plus anodine. Il continuera la tradition de la farce, avec *Les Fourberies de Scapin* (1671) par exemple. Il cultivera la comédie d'intrigue, avec *Monsieur de Pourceaugnac* (1669) notamment. Il écrira des comédies-ballets, comme *Le Sicilien, ou L'Amour peintre* (1667). Il donnera, au mieux, dans la peinture acérée des caractères, avec *L'Avare* (1668), *Les Femmes savantes* (1672) ou *Le Malade imaginaire* (1673), sa dernière œuvre.

« Le Misanthrope » et son temps   2

Le Misanthrope représente, on l'a vu, un moment important dans la carrière théâtrale de Molière. Mais cette carrière ne suit pas un développement autonome. Elle est, pour beaucoup, dépendante de tout un contexte politique et culturel. Il est donc indispensable de replacer la pièce dans son environnement, d'autant plus que la période dans laquelle elle s'inscrit est une période de gestation marquée par la complexité, voire les contradictions.

LES RAPPORTS ENTRE LA NOBLESSE ET LA BOURGEOISIE

Ces années 1660 marquent une étape importante dans l'installation d'une monarchie caractérisée par la concentration des pouvoirs. Cette construction, en voie d'achèvement, s'effectue au détriment du système féodal : alors qu'auparavant chaque noble était détenteur d'une parcelle de puissance, l'autorité tend désormais à être contenue tout entière dans les mains du roi.

En 1661, la mort de Mazarin permet à Louis XIV de choisir un personnel politique tout à sa dévotion. Il prend bien soin désormais de ne pas laisser des pouvoirs concurrents se développer. L'arrestation en 1661 de Fouquet, le surintendant des finances, puis sa condamnation en 1664 à la prison à perpétuité, sonneront comme un avertissement : il était accusé de malversation, mais la vraie raison de son élimination était autre. Ce que le roi lui reprochait, c'était, en s'appuyant sur l'immense richesse qu'il avait accumulée, d'avoir organisé un véritable contre-pouvoir, symbolisé par la cour rivale de Vaux-le-Vicomte.

Mais c'est la noblesse dans son ensemble qu'il convient d'abaisser. Louis XIV vit avec le souvenir lancinant des événements de la Fronde (1648-1652) où le pouvoir faillit basculer au profit des grandes familles nobles. Ce fut un épisode essentiel de l'histoire de la France qui, plus de quinze ans après, marque encore profondément les esprits à l'époque du *Misanthrope* : dans *Tartuffe* (1664), Molière y fait une claire allusion, lorsqu'il montre l'hypocrite en train de tenter de se servir contre Orgon de papiers comprometants que ce dernier avait reçus en dépôt d'un ami, partisan des frondeurs. Le roi ne peut oublier cette insécurité qu'il connut alors au sortir de l'enfance, ces humiliations qu'il dut subir, cette atmosphère de conspirations et d'hypocrisie qu'il dut respirer.

Louis XIV va donc entreprendre d'enlever aux nobles tout leur pouvoir. Il les domestique, leur construit une prison dorée, les attire à la cour pour les couper de leurs racines provinciales qui, par le jeu des droits et des devoirs féodaux, pourraient encore leur assurer un contact avec les réalités économiques et sociales : il lui suffit, pour aboutir à ce résultat, de leur confier des emplois bien rémunérés, mais secondaires.

Le roi devient ainsi pour les nobles la seule chance de salut. Il les tient donc sous sa haute surveillance et peut tuer éventuellement dans l'œuf toute tentative de complot. C'est dans ce milieu d'une noblesse oisive, gravitant autour du Roi-Soleil, que se déroule toute l'action du *Misanthrope*.

Parallèlement, la bourgeoisie est en pleine ascension. Le roi lui donne volontiers des responsabilités politiques. Maîtresse par ailleurs de l'économie, monopolisant les valeurs d'argent, elle apparaît comme la force montante, face à la sclérose d'une aristocratie contrainte de renoncer à toute activité rémunératrice, sous peine de « déroger », c'est-à-dire de renier ses titres et son rang.

Mais, paradoxalement, la noblesse conserve son prestige. Le roi est en effet contraint de la ménager, parce qu'elle est le symbole des privilèges attachés à la naissance dont il se réclame lui-même et sur lesquels il assoit son pouvoir. Elle constitue aussi une image idéalisée à laquelle la bourgeoisie aspire et qui la maintiendra dans le zèle et le respect ; le comportement de Monsieur Dimanche dans le *Dom Juan* de Molière est significatif à cet égard : il n'osera pas réclamer au séducteur l'argent qu'il lui a prêté. La noblesse continue à représenter une caste fermée, avec ses règles, ses fiertés, ses rapports de solidarité qui prédominent, malgré les rivalités : les personnages du *Misanthrope* sont des nobles et leur nature profonde ne peut se comprendre si l'on fait abstraction de cette dimension historique.

Si l'on paraît offrir à la bourgeoisie, grâce à son argent ou à sa compétence, la possibilité d'accéder à la noblesse, il ne s'agit souvent que d'un leurre. Chacun fondamentalement est maintenu à la place fixée par sa naissance : Monsieur Jourdain du *Bourgeois gentilhomme*, malgré ses somptueux habits et ses prétentions culturelles, reste un marchand de drap. Arnolphe de *L'Ecole des femmes*, malgré son titre de Baron de la Souche, n'est qu'un être ridicule et sans autorité.

UNE SOCIÉTÉ DE COUR

La société de cour s'est développée comme une conséquence du désir de Louis XIV d'assurer sa domination sur la noblesse. Cette organisation sociale répond à un certain nombre de règles de fonctionnement. Elle ne prend sa réalité que par référence au lieu où réside le roi. Les salons parisiens en constituent comme le relais. La vie y apparaît en relation étroite avec la vie de la cour : *Le Misanthrope* se déroule à Paris, dans les appartements de Célimène, mais les allusions à l'entourage royal y sont nombreuses. Les personnages se posent par rapport à lui.

Cette société est une société d'oisifs. Ces nobles ont perdu tous les pouvoirs qui étaient les leurs. Ils vivent sur leur passé ou se rabattent sur des activités de remplacement :

● *L'amour*

Il devient un véritable jeu, mais un jeu sérieux ; il se substitue à la guerre, ce qui explique le fréquent recours à des images guerrières dans le langage de la passion. On sera amené à constater, dans *Le Misanthrope*, l'importance des intrigues amoureuses : Alceste peut songer à la fois à Célimène, à Arsinoé et à Eliante, tandis que Célimène est poursuivie (à la fois) par Alceste, Oronte, Acaste et Clitandre.

● *La littérature*

Les nobles sont de plus en plus nombreux à se lancer dans une activité littéraire qui leur permet d'affirmer leur personnalité et de créer une réalité plus satisfaisante, en se berçant dans la fiction. Certes, souvent, les œuvres ainsi composées ne manquent pas de valeur : il suffit de citer l'auteur des *Maximes*, La Rochefoucauld, ou le mémorialiste Saint-Simon. Mais ce n'est parfois aussi qu'une manie à la mode dont Oronte et son sonnet offrent une illustration caricaturale.

● *La conversation*

Elle est un véritable art de se comporter et de paraître, un moyen de s'illustrer, de briller, en évitant de trop se mettre en avant, un moyen de s'attirer la sympathie des autres, à coups de flatteries et d'hypocrisies : Alceste s'insurgera, tout au long du *Misanthrope*, contre cette pratique.

A ces activités qui laissent encore une assez large part à l'interprétation individuelle, s'en ajoutent d'autres davantage marquées par le formalisme ; à la cour règne une étiquette rigide dont les courtisans et le roi sont esclaves et qui renforce la théâtralisation d'une existence soumise aux règles et aux apparences. Ce degré d'intégration et de dépendance, le bon courtisan doit l'atteindre pour mériter sa réputation d'« honnête homme ». Il doit se soumettre, mais sans excès ; il doit en tout choisir la voie du juste milieu, éviter de se placer en marge et, pour ce faire, rejeter à la fois la surenchère dans l'acceptation et la démesure dans le refus. C'est cette normalité que défendra Philinte du *Misanthrope*, dans sa double condamnation des positions d'Alceste et de Célimène.

UN MONDE UNIFIÉ ET NORMALISÉ

Cette organisation de la cour répond aux grandes lignes de l'organisation politique. Elle répond au centralisme, instrument de l'absolutisme qui tend à placer tous les pouvoirs entre les mêmes mains, en un même lieu. Elle répond à la volonté d'unification et de normalisation qui en est la conséquence directe. L'Etat monarchique y travaille avec une grande opiniâtreté. Louis XIV s'efforce de faire l'unité du pays autour de lui, de former une société homogène où chacun se sente intégré.

Mais la tâche est rude et, même dans le monde policé de la cour, les oppositions se développent. Alors, fonctionne, pour mettre au pas les récalcitrants, la condamnation des anormalités. Les comédies de Molière sont construites, pour une grande part, autour de la lutte sans merci que se livrent les tenants des normes de l'époque et ceux qui les refusent. Don Juan, c'est l'anormalité morale, c'est le libertin qui n'entend pas se soumettre aux impératifs de la religion et de la famille : aussi l'ordre social consommera-t-il sa perte. Argan du *Malade imaginaire,* c'est l'anormalité individuelle d'un être victime de sa manie, de son obsession, source d'aliénation et de ridicule dans une société où il est indispensable d'être toujours disponible : aussi sera-t-il berné par son entourage. Alceste du *Misanthrope*, c'est l'anormalité sociale d'un homme qui ne parvient pas à s'adapter aux règles de fonctionnement du milieu dont il fait partie : aussi sera-t-il contraint de s'exiler. L'idéologie dominante est suffisamment forte pour imposer en définitive sa loi à tous.

LE DIRIGISME INTELLECTUEL : CLASSICISME ET BAROQUE

Tout absolutisme tente logiquement d'établir sa mainmise sur l'ensemble des activités humaines et s'efforce donc de donner à la vie intellectuelle une ligne officielle. La monarchie louis-quatorzième n'échappe pas à cette règle.

Le régime, aidé par les théoriciens, s'efforce de canaliser la création artistique.

Colbert s'occupe plus particulièrement de l'aspect matériel ; à une époque où les créateurs dépendaient largement de protecteurs, il fait tout pour supprimer le mécénat privé qui échappe au contrôle monarchique. En revanche, il récompense par des pensions ceux qui travaillent à la gloire royale : Molière bénéficia largement de cette manne. Parallèlement, se multiplient les académies qui ont pour but de veiller au respect des règles dans l'art : après l'Académie française fondée, avant l'avènement de Louis XIV, par Richelieu (1635), c'est l'organisation de l'Académie de peinture et de sculpture en 1663 ; c'est la constitution d'un groupe formé d'artistes de différentes disciplines auxquels est confié le soin de maintenir l'orthodoxie artistique.

Toutes les conditions semblent donc remplies pour que la création, ainsi corsetée par un dirigisme triomphant, sombre dans l'académisme le plus stérilisant. Mais, en fait, cette deuxième partie du XVIIe siècle est loin d'être monolithique. Ce que l'on appelle le « classicisme » et ce qu'on nomme le « baroque » ne s'opposent pas radicalement. Ils apparaissent plutôt complémentaires, comme les deux aspects d'une réalité, comme les deux faces d'une même médaille. Le « classicisme », état d'esprit en accord avec le système idéologique dominant, impose ses valeurs d'absolu et d'ordre. Le « baroque », plus contestataire, introduit la diversité et la fragmentation. L'œuvre de Molière constitue, en particulier, un éloquent témoignage de cette synthèse : elle se manifeste dans l'écriture théâtrale marquée par la sobriété et la diversité ; elle est évidente dans la peinture d'une société encadrée par des règles rigides, mais dont les contrastes sont fortement accusés.

Les aspirations et les goûts qui prévalent à cette époque complexe ne vont pas sans contradictions. Le souci de sincérité n'empêche pas le développement d'une vie mondaine, vaste théâtre où nul ne peut éviter les faux-semblants : Philinte du *Misanthrope* est sans cesse conduit à la dissimulation. Les prétentions à l'universel n'éliminent pas la domination du moi : l'égoïsme d'Alceste éclate sous les revendications d'un bien absolu. L'attirance pour les valeurs essentielles doit s'accommoder de concessions : le misanthrope, malgré son souci de juger de la valeur des hommes en elle-même, ne peut faire abstraction du poids des bonnes manières, du décorum propre à sa caste. Les grands discours sur la nécessité de la sobriété et de la raison dans l'art n'excluent pas les spectacles de cour, domaines de la surcharge, tandis que les nécessités de la bienséance ne tuent pas pour autant les incongruités de la farce : en dehors de ses pièces dites « classiques », Molière n'a-t-il pas écrit des comédies-ballets et des farces ?

UNE GRANDE VARIÉTÉ
DANS L'ÉCRITURE THÉÂTRALE

Cette complexité et cette diversité qui marquent la démarche créatrice de la seconde partie du XVIIe siècle sont particulièrement évidentes dans la production théâtrale.

● *Le « divertissement »*
Plus ou moins en marge du domaine littéraire, le « divertissement » connaît alors un grand succès auprès des courtisans et du roi. C'est un spectacle total : il unit des genres et des tons différents ; il reprend des thèmes prisés des baroques, les apparitions, l'eau, le feu ; il a recours à une machinerie compliquée ; il fait appel à la musique, à la danse, voire aux arts plastiques pour l'élaboration de décors somptueux. Ce théâtre-fête, construction irrégulière par excellence, met pourtant à contribution des écrivains que l'on placera au premier rang des classiques : Molière, Corneille, La Fontaine.

● *Tragédie et tragi-comédie*

La tragédie demeure minoritaire : Racine est au début de sa carrière et, malgré les efforts de Corneille, le genre tragique est encore supplanté par la tragi-comédie, aux sujets complexes, aux revirements inattendus, aux amours contrariées, qui permet l'expression de tout un discours précieux. Molière lui-même ne dédaignera pas cette inspiration : il s'y essaiera, sans beaucoup de succès il est vrai, avec *Dom Garcie de Navarre*. Mais, de façon plus insidieuse, la tension tragi-comique, voire la fatalité tragique, prennent parfois place dans ses comédies : dans *Le Misanthrope*, Alceste vit un véritable calvaire car il est non seulement affronté à des obstacles extérieurs redoutables de tragi-comédie, mais encore confronté à sa propre contradiction, obstacle intérieur d'essence tragique.

● *Comédie d'intrigue, de mœurs et de caractères*

Dans le domaine comique, le schéma de la comédie d'intrigue est encore vivace et marque de sa présence la plupart des œuvres de Molière. Il se construit sur deux niveaux et permet ainsi de répondre à une double attente du spectateur : le goût pour les bons sentiments se trouve comblé, à la vue des efforts de deux amoureux sympathiques, aidés par des serviteurs rusés, pour conquérir le bonheur. Mais le public est également venu pour rire et il sera satisfait grâce à la présence de personnages ridicules hauts en couleur.

Dans *Le Misanthrope*, ce schéma traditionnel de la comédie d'intrigue est quelque peu tronqué : Alceste aime Célimène, mais l'amour de Célimène pour Alceste n'est pas évident. D'autre part, les deux personnages ont à lutter contre eux-mêmes plutôt que contre des obstacles extérieurs ; dans ces conditions, ils n'ont pas besoin de valets pour les aider dans leur entreprise ; ils doivent régler eux-mêmes leurs problèmes. Par contre, la tradition est respectée, avec la présence d'Oronte, voire de Clitandre, d'Acaste et d'Arsinoé, qui remplissent la fonction des grotesques.

Mais la peinture des caractères et des mœurs tend à se

développer, l'intrigue à devenir un prétexte à leur description. Cette évolution, Molière ne l'a pas suscitée, mais il la prend volontiers à son compte, surtout dans ces années 1660, où il donne dans la comédie sérieuse. *Le Misanthrope* répond incontestablement à cette préoccupation.

● *Le burlesque*

Une autre influence s'était, depuis une vingtaine d'années, exercée sur la comédie d'intrigue. Il s'agit du jeu burlesque. Imposé par Scarron (1610-1660), il est loin d'être dépassé durant la seconde partie du XVIIe siècle et Molière lui doit beaucoup. Dans *Le Misanthrope* notamment, il s'en inspire, en introduisant les ruptures de ton qui viennent briser l'unité de la composition, en produisant des effets d'inadéquation, en accentuant la bouffonnerie de certains de ses personnages : ainsi reprend-il certains des procédés d'une écriture qui a pour vocation de faire violemment éclater les contradictions.

● *La farce*

Enfin, il ne faut pas oublier la farce. Cette tradition issue du Moyen Age demeure encore vivace. Se refusant à la finesse littéraire, l'écriture est avant tout scénique : elle mise sur les effets de la poursuite et des coups, sur les gestes et les mimiques. Molière, qui avait cultivé le genre en tant que tel, au début de sa carrière, ne l'abandonne jamais complètement, en épiçant ses pièces les plus sérieuses : le comportement d'Alceste ou d'Oronte constitue, par exemple, dans *Le Misanthrope*, une reprise évidente, quoique marquée par la modération, de cette tonalité.

L'on peut constater que le théâtre, et en particulier la comédie de cette seconde partie du XVIIe siècle, ne revêtent pas cette simplicité schématique que l'on décrit parfois. Ils sont au contraire affectés d'une grande complexité qui va de pair avec la complexité de tout l'environnement historique. Molière, homme de son temps, en a été profondément marqué. Son œuvre, et en particulier *Le Misanthrope*, ne peuvent être correctement saisis qu'à la lumière de ce riche contexte.

3 Les moments de l'action : analyse de la pièce

ACTE I
LA DIFFICULTÉ D'ÊTRE SINCÈRE DANS LES RELATIONS SOCIALES

L'acte I, dans le théâtre du XVIIᵉ siècle, est généralement un acte d'exposition qui permet à l'auteur de donner au spectateur les renseignements nécessaires à la compréhension de l'intrigue. Cet impératif rend souvent les débuts de pièces languissants. Molière échappe ici à cet inconvénient, en élaborant une exposition en action. Dès le début, paraît Alceste, le personnage principal qui va être confronté à Philinte et Oronte.

● *Scène 1 : Deux conceptions du monde opposées*
La scène 1 se pose comme une scène de conversation entre Alceste et son ami Philinte. Le sérieux des arguments échangés est atténué par la vivacité du ton et par l'excès du misanthrope qui donne souvent à ses propos un tour paradoxal. Alceste est furieux contre Philinte, parce qu'il vient de le voir adopter envers un inconnu des manières qu'il juge trop amicales. Pour lui, la véritable amitié ne peut s'accorder si rapidement. Cette altercation permet d'opposer deux conceptions du monde. Pour Alceste, la sincérité doit l'emporter à tout prix, quelles qu'en soient les conséquences. Et il s'indigne de la corruption humaine. Philinte a une position plus réaliste : il reconnaît volontiers l'imperfection de l'homme, mais considère qu'il convient de l'accepter et de s'y adapter. A l'absolu de son ami, il répond par la nécessité du juste milieu et du compromis.

Cet entretien permet à Molière de fournir les données de base de l'action. Alceste apprend au spectateur qu'il est en procès, que sa cause est juste, mais qu'il souhaite le perdre, pour prouver l'injustice humaine. Il révèle également son amour pour la jeune veuve Célimène, coquette impénitente, entourée de soupirants ; mais il entend bien la mettre sur la voie de la sincérité. Cette opposition radicale de caractères constituera le sujet essentiel de la pièce. Son ami s'étonne de ce penchant et lui rappelle les sentiments plus conformes à ses idéaux qu'éprouvent pour lui la « prude Arsinoé » (v. 216) et la « sincère Eliante » (v. 215) à laquelle lui-même, Philinte, n'est pas indifférent.

Enfin cette scène permet déjà de préparer le dénouement : Alceste y exprime sa tentation de se retirer de ce monde frelaté de la cour, de « fuir dans un désert l'approche des humains » (v. 144).

● *Scène 2 : Deux conceptions de la poésie et de la critique*
Oronte vient interrompre cette conversation animée. Comme Philinthe l'avait fait précédemment à l'inconnu, il offre à Alceste son amitié. Le misanthrope la refuse poliment. Cette offre n'était pas tout à fait désintéressée : Oronte se pique de poésie et veut le faire juge d'un sonnet qu'il vient de composer. Il lit le poème écrit dans un langage précieux et alambiqué. Tandis que Philinte se répand en éloges, Alceste contient difficilement son agacement. En termes d'abord voilés, puis dans une affirmation qui ne laisse aucun doute, il déclare le sonnet « bon à mettre au cabinet » (v. 376) et oppose à cette écriture artificielle la simplicité d'une chanson populaire. Oronte prend très mal ces propos et se retire furieux.

Cette scène 2 constitue une deuxième illustration du refus de la compromission qui caractérise Alceste. Un certain sérieux apparaît dans la confrontation de deux conceptions littéraires, mais il est atténué par l'excitation d'Alceste, par le ridicule du sonnet et des précautions oratoires que prend Oronte en en donnant lecture.

● *Scène 3 : Un homme colérique*
A ces deux longues scènes succède une scène très courte marquée par l'emportement grandissant d'Alceste qui ne

pardonne pas l'attitude conciliante de Philinte envers Oronte. Les brèves répliques contrastent avec les tirades démonstratives qui précédaient et créent une vivacité de ton.

ACTE II
LA DIFFICULTÉ D'ÊTRE SINCÈRE EN AMOUR

Avec l'acte II, on entre dans le vif du sujet. Cette partie de la pièce est tout occupée par les relations entre Célimène et Alceste qui sont constamment présents. A ces deux personnages principaux, viennent s'ajouter les deux rivaux du misanthrope, Acaste et Clitandre, ainsi que deux personnages favorables à Alceste, tous quatre présents dans trois scènes (scènes 4 à 6). Paraissent en outre Basque, le valet de Célimène, chargé d'annoncer les arrivants (scènes 2 à 5) et un garde qui vient relancer le différend avec Oronte, en convoquant Alceste de la part du poète bafoué (scène 6).

● *Scène 1 : Une façon étrange de dire son amour*
La scène 1 constitue une scène d'explication entre Alceste et Célimène. Elle est composée de tirades relativement longues qui permettent aux deux personnages d'exposer leurs conceptions de l'amour. Alceste se plaint des nombreux soupirants de Célimène. La coquette, tout en protestant de son amour pour le misanthrope, refuse de se couper du monde et considère que son devoir et son intérêt exigent de sa part une attitude de compréhension envers tous : elle ne peut briller à la cour que si elle fait montre d'un abord ouvert et séduisant. Le comique vient pimenter le sérieux de cette confrontation, grâce à deux comportements paradoxaux d'Alceste : ennemi de la médisance, il peint le portrait cruel d'un de ses rivaux, Clitandre ; amoureux de Célimène, il lui affirme qu'il fait en vain tous ses efforts pour ne plus l'aimer.

● *Scène 2 : Un premier visiteur importun*
Le valet Basque vient annoncer Acaste. Alceste s'irrite de voir l'entretien interrompu. Célimène refuse de renvoyer ce visiteur car il est influent à la cour.

● *Scène 3 : Un second importun*

A cette rapide scène de transition, succède une autre scène de même nature et d'un ton également enlevé. A la grande fureur d'Alceste qui exprime son intention de se retirer, Basque signale l'arrivée de Clitandre.

● *Scène 4 : Médisances et considérations sur l'amour*

Acaste, Clitandre, Eliante et Philinte font leur entrée. Une conversation de salon s'engage. L'on médit cruellement des absents dont on peint des portraits au vitriol. Alceste proteste de façon comique, car, comme le lui fait remarquer Célimène, il n'est pas avare lui-même d'attaques contre autrui. L'on parle de la sincérité en amour : pour Alceste, il est bon de dénoncer les défauts de l'être aimé. Pour les autres, il convient au contraire de ne porter que des jugements positifs. Le misanthrope, une fois encore, se trouve en porte-à-faux dans ce débat. Et la scène s'achève, de façon amusante, sur une épreuve de force entre Acaste, Clitandre et Alceste qui entendent chacun partir le dernier.

● *Scène 5 : Encore un importun*

La scène 5 est caractérisée par sa très grande brièveté. Scène de transition, elle contient l'annonce que fait Basque de l'arrivée d'un nouveau personnage dans ce salon décidément fort fréquenté.

● *Scène 6 : Le rebondissement de l'affaire Oronte*

La scène 6, également très rapide, voit l'intrusion d'un garde. Envoyé par Oronte, il somme Alceste de s'expliquer sur son attitude envers le poète. Le misanthrope fait rire son entourage, en s'enfermant dans un refus sans nuances.

ACTE III
DEUX DUELS AMOUREUX

Après l'acte II directement centré sur les relations entre les deux protagonistes de la pièce, l'acte III est plutôt consacré aux rivaux et rivales, aux duels d'amour qu'ils ont engagés. Célimène et Alceste ne paraissent jamais ensemble sur scène, la jeune femme quittant le théâtre à la scène 4, lorsqu'entre le misanthrope. Célimène est présente aux scènes 2, 3 et 4 : aux scènes 2 et 3, elle subit les importunités d'Acaste et de Clitandre qui ont décidé un affrontement amoureux pacifique à la scène 1. A la scène 4, elle affronte sa rivale Arsinoé, annoncée par Basque à la scène précédente. La prude est également présente à la scène 5, où elle essaye de séduire Alceste qui n'est donc sur le théâtre que dans une seule scène de cet acte.

● *Scène 1 : Une concurrence loyale*
Acaste, d'une suffisance fort comique, fait de lui – on n'est jamais mieux servi que par soi-même – un portrait dithyrambique et affirme être aimé de Célimène. Clitandre en doute et prétend lui aussi à l'amour de la coquette. Ils décident de jouer loyalement le jeu de la concurrence : le vaincu s'inclinera devant le vainqueur.

● *Scène 2 : Mais voici Célimène*
Dans cette très rapide scène de transition, Célimène s'étonne de trouver chez elle les deux marquis qui affirment en quelques mots leur amour.

● *Scène 3 : Portrait d'une rivale*
Basque vient annoncer Arsinoé, ce qui permet à Célimène de se livrer au jeu du portrait. Elle la dépeint comme une fausse prude, amoureuse d'Alceste et compensant son peu de charme par des prétentions spirituelles.

● *Scène 4 : Un affrontement sans concession*
Arsinoé vient charitablement avertir Célimène des bruits fâcheux qui courent sur son compte : on lui reproche sa coquetterie et son inconstance. En un mouvement parallèle, Célimène, utilisant des termes semblables dans des reprises pleines de vivacité, renvoie la balle : on n'est pas dupe du jeu que joue Arsinoé. Ses actions sont souvent en contradiction avec ses dires. Sa pruderie n'est là que pour dissimuler son incapacité à séduire, conséquence de son âge. Et comme Clitandre le proposait à Acaste, elle lui offre de concourir loyalement pour la conquête du cœur d'Alceste. Le voici justement : elle lui laisse la place.

● *Scène 5 : La perfidie d'Arsinoé*

Arsinoé tient à Alceste des propos dont la nature et le contenu sont de ceux qu'il réprouve : elle le comble d'éloges ; elle promet de l'aider à réussir à la cour ; elle dénigre Célimène ; elle est prête à lui donner des preuves de son inconstance. Alceste accueille ses paroles avec une impatience mal dissimulée.

ACTE IV
PERSISTANCE DE L'INCOMPATIBILITÉ AMOUREUSE

L'acte IV est surtout marqué par les tentatives d'explication entre Alceste et Célimène. A la scène 2, le misanthrope indique à Eliante et Philinte sa méfiance envers la coquette. La scène 3 voit se dérouler l'entretien entre les deux amoureux qui finissent par se réconcilier. Ils sont interrompus par le valet Du Bois (scène 4) qui relance l'épisode du procès auquel il avait été fait allusion dès le début de l'acte I. A la scène 1, Eliante et Philinte, jouant le rôle de témoins, avaient médité sur les relations entre Alceste et Célimène et avaient évoqué la fin du différend entre le misanthrope et Oronte.

● *Scène 1 : Le dénouement de l'épisode Oronte et les réflexions d'Eliante et de Philinte*

La scène 1 comporte deux volets. La première partie, de nature comique, est constituée par le récit que fait Philinte à Eliante de la réconciliation entre Alceste et Oronte : le misanthrope n'a pas renié son jugement sur le sonnet, mais a reconnu que le poète était par ailleurs un homme de qualité. La seconde partie est beaucoup plus sérieuse, puisqu'elle porte sur l'avenir d'Alceste, de Célimène, de Philinte et d'Eliante : Philinte exprime l'avis que Célimène n'est pas faite pour Alceste. Il souligne, par ailleurs, la conformité de caractère entre Eliante et le misanthrope, tout en précisant l'amour qu'il éprouve lui-même pour la jeune femme. Eliante est prête à épouser Alceste, mais, en cas d'impossibilité, elle accepterait volontiers le cœur de Philinte.

● *Scène 2 : L'étrange marché d'Alceste*
Alceste survient furieux : il a saisi une lettre fort tendre que Célimène aurait adressée à Oronte. Il rabroue violemment Philinte qui tente de défendre la coquette et propose à Eliante un bizarre marché : il lui offre son amour, pour se venger de l'infidélité de celle qu'il aime. La jeune femme, prudente, lui conseille de réfléchir.

● *Scène 3 : Une réconciliation provisoire*
Alceste demande des explications à Célimène qui le rassure. C'est la réconciliation provisoire qui termine la scène marquée par un profond comique de situation : on y voit Alceste dire son amour à Célimène, en l'accablant de reproches, et lui souhaiter de tomber dans le malheur pour avoir l'occasion de lui prouver sa fidélité.

● *Scène 4 : Le rebondissement du procès*
Dans une scène rapide, Du Bois, le serviteur balourd d'Alceste, vient l'avertir qu'il est menacé d'arrestation : il s'agit là d'une péripétie de l'épisode de ce procès où est engagé le misanthrope (voir acte I, scène 1).

ACTE V
LA RUPTURE DÉFINITIVE

Alceste marque de sa présence la totalité de l'acte. C'est l'explication décisive : explication avec Philinte à la scène 1, ce qui permet au misanthrope de donner son sentiment sur l'issue de son procès ; explication avec Oronte et Célimène à la scène 2 ; enfin, après la scène 3, scène de transition où paraissent Eliante, Philinte, Célimène, Oronte et Alceste, explication générale et définitive à la scène 4 qui réunit la totalité des personnages de la pièce, en une sorte de parade finale.

● *Scène 1 : Le dénouement du procès*
La scène 1 donne la solution de l'énigme qui achevait l'acte

précédent, en faisant peser la menace de l'arrestation d'Alceste. Non seulement il a perdu son procès, mais son adversaire, aidé en cela par Oronte, fait circuler un bruit infamant : il serait l'auteur d'un livre condamnable diffusé dans Paris. Hors de lui, le misanthrope est disposé à se retirer du monde. Et se déroule entre Philinte et lui une conversation au cours de laquelle chacun expose sa conception de la vie, pendant de la conversation de la scène 1 de l'acte I. Avant de partir, Alceste veut avoir une dernière explication avec Célimène.

● *Scène 2 : L'ultimatum d'Alceste et d'Oronte*
Philinte a laissé Alceste seul sur la scène. Il est bientôt rejoint par Oronte et Célimène. Alceste, imité par Oronte, presse Célimène de dire sa préférence. Elle s'y refuse obstinément.

● *Scène 3 : Des positions irréductibles*
Après l'arrivée de Philinte et d'Eliante, dans une scène rondement menée, les positions restent les mêmes : Alceste et Oronte maintiennent leur ultimatum ; Célimène refuse de se prononcer.

● *Scène 4 : La grande explication*
Un coup de théâtre qui éclate en présence de la totalité des personnages principaux dénoue l'imbroglio sentimental. Acaste, puis Clitandre, donnent lecture d'une lettre que Célimène a adressée à chacun d'eux. En un style plein d'enjouement, elle y souligne tour à tour les ridicules d'Acaste, d'Alceste, d'Oronte et de Clitandre. Trois de ses soupirants expriment leur mépris. Seul Alceste est prêt à lui pardonner si elle accepte de le suivre et de quitter le monde. Elle s'y refuse : la vie de la cour lui est nécessaire, il est vital pour elle de briller et de séduire. Alceste, après avoir tiré les conséquences de ce refus, se replie dans sa solitude. Il avait déjà repoussé Arsinoé, il s'estime indigne d'Eliante qui accepte d'épouser Philinte. Il ira vivre dans « un endroit écarté » (v. 1805), loin de ce monde d'hypocrisie.

4 L'organisation du « Misanthrope » : action, lieu, temps

Le théâtre dit « classique » de la seconde partie du XVIIᵉ siècle néglige volontiers l'accessoire, l'anecdotique, pour aller à l'essentiel, pour rendre compte de ce qui est fondamental dans la situation décrite. Cet effort de clarification se concrétise dans la fameuse règle des trois unités exposée par les théoriciens de l'époque.

La pièce doit être unifiée autour d'une intrigue centrale qui, à aucun moment, ne doit être perdue de vue : c'est l'unité d'action.

Elle doit occuper une durée proche de la durée de la représentation : c'est l'unité de temps qui cantonne le déroulement des faits représentés dans les limites des vingt-quatre heures.

Enfin, elle doit prendre place dans une salle unique qui coïncide exactement avec l'espace réel de la scène : c'est l'unité de lieu.

Pour comprendre la construction du *Misanthrope*, il est indispensable de la situer par rapport à ces impératifs : ainsi pourront être dégagées la part de la tradition et celle de l'originalité.

L'INTRIGUE PRINCIPALE ALCESTE-CÉLIMÈNE

● *Les personnages en présence*

Au premier abord, l'unité d'action du *Misanthrope* semble s'imposer. L'intrigue principale apparaît avec une grande netteté, adaptation simplifiée du schéma de la comédie d'intrigue. Célimène et Alceste sont à la recherche d'un bonheur sentimental qui, au XVIIe siècle, dans une société d'une grande rigidité, ne peut se concrétiser que dans le mariage. Comme il est de règle dans la conception de l'époque, les deux protagonistes occupent une place quantitativement importante dans le déroulement de l'action : sur les 22 scènes que compte la pièce, Alceste est présent dans 17 et Célimène dans 14.

Si l'on se réfère au scénario traditionnel, on est par contre amené à constater l'absence de l'obstacle des parents que pourtant Molière exploite fréquemment dans la construction de ses comédies. L'explication de cette exception est simple : Célimène, veuve, a, par son premier mariage, conquis son indépendance par rapport à sa famille ; quant à Alceste, il a, semble-t-il, passé l'âge où il lui aurait été nécessaire d'obtenir, pour se marier, l'autorisation parentale.

En revanche, les obstacles suscités par les rivaux et rivales sont nombreux. A Alceste s'opposent trois personnages qui revendiquent également la main de la coquette : Acaste et Clitandre, deux inséparables, présents chacun dans 7 scènes ; Oronte qui intervient, dans le cadre de cette intrigue, dans 3 scènes. A côté de Célimène, deux femmes sont, d'autre part, amoureuses d'Alceste : Eliante, qui figure sur le théâtre dans 7 scènes et Arsinoé, en action dans 3 scènes

Traditionnellement, valets et servantes jouent un grand rôle dans le déroulement de l'intrigue : ils l'animent en travaillant activement dans l'intérêt de leurs maîtres ou de leurs maîtresses et, pour ce faire, élaborent ruses et stratagèmes. Molière, dans la plupart de ses comédies, utilise largement leur dynamisme. Dans *Le Misanthrope*, ils ne sont pas totalement absents : Basque, iè valet de

Célimène, paraît dans quatre scènes et Du Bois, le valet d'Alceste, dans une scène. Mais ce sont de simples figurants : ils ne sont là que pour annoncer l'arrivée de personnages plus importants ou pour jouer le rôle de messager.

● *Des relations amoureuses marquées par l'incompréhension*

Pourquoi Molière n'a-t-il pas cru bon de donner aux serviteurs un rôle important dans *Le Misanthrope* ? C'est que les obstacles extérieurs qu'ils ont traditionnellement pour fonction de juguler ne sont pas ici, malgré leur nombre, les obstacles essentiels. Certes, cette intrigue amoureuse complexe à sept personnages occupe une place quantitative déterminante, puisqu'il en est plus ou moins question dans 17 scènes sur les 22 de la comédie.

Certes, elle connaît un déroulement cohérent. Son exposition est répartie sur plusieurs actes pour éviter une accumulation fastidieuse de renseignements : acte I, scène 1, indication de l'amour que porte Alceste à Célimène et des sentiments d'Arsinoé et d'Eliante pour le misanthrope ; acte II, scène 1, révélation de la rivalité de Clitandre, puis, à la scène suivante, de celle d'Acaste ; enfin, acte IV, scène 2, révélation de la rivalité d'Oronte. L'intrigue connaît ensuite un développement mouvementé. Elle s'achève sur le dénouement de la dernière scène qui voit Alceste se détourner de Célimène, d'Arsinoé et d'Eliante, tandis qu'Oronte, Acaste et Clitandre rejettent Célimène.

Mais les obstacles extérieurs se trouvent combinés à un élément beaucoup plus important qui constitue l'essentiel de la trame dramatique. C'est celui que forme l'obstacle intérieur. Cet obstacle, il est d'abord dans le couple : comme dans l'univers de la tragédie, Alceste et Célimène ne peuvent compter l'un sur l'autre. Ils s'affrontent dans une lutte épuisante. Leurs relations se construisent sur un rapport de force : chacun essaie de triompher de l'autre, d'amener l'autre sur ses propres positions.

Aussi chacune de leurs confrontations apporte le déchirement ; déchirement d'autant plus grand chez

Alceste qui ne bénéficie pas des compensations de Célimène satisfaite de sa vie sociale.

C'est donc l'incommunicabilité qui l'emporte chez ces deux personnages si différents : le misanthrope, d'une part, ennemi du monde et des apparences, la coquette, de l'autre, qui ne vit que pour briller, qui a besoin d'un entourage nombreux à sa dévotion. Cette opposition, ressort essentiel de la pièce, Molière éprouve d'ailleurs la nécessité significative de la signaler dès le début, par l'intermédiaire de Philinte qui s'étonne :

> « La sincère Eliante a du penchant pour vous,
> La prude Arsinoé vous voit d'un œil fort doux :
> Cependant à leurs vœux votre âme se refuse,
> Tandis qu'en ses liens[1] Célimène l'amuse,
> De qui l'humeur coquette et l'esprit médisant
> Semble si fort donner dans les mœurs d'à présent.
> D'où vient que, leur portant une haine mortelle,
> Vous pouvez bien souffrir ce qu'en tient cette belle ?
> Ne sont-ce plus défauts dans un objet si doux ?
> Ne les voyez-vous pas ? ou les excusez-vous ? »

(Acte I, scène 1, v. 215-224).

Et ces divergences seront, à de nombreuses reprises, signalées tout au long de la pièce.

La difficulté de communiquer se trouve par ailleurs dégagée de façon concrète : ces deux êtres ne sont ensemble que dans 11 scènes sur les 22 de la comédie et ils ne peuvent parler sans témoin qu'à deux reprises. Alceste relèvera d'ailleurs lui-même avec amertume l'impossibilité de mener à bien ce travail d'explication et d'éclaircissement, lorsqu'il s'écriera à la scène 4 de l'acte IV :

> « Il semble que le sort, quelque soin que je prenne,
> Ait juré d'empêcher que je vous entretienne »

(v. 1477-1478).

Le sort, c'est presque déjà la fatalité tragique. Et le dénouement de la pièce attestera bien cette prédominance de l'obstacle intérieur au couple. Alceste quittera Célimène, non pas à cause de ses rivaux, mais parce qu'elle refusera d'adopter sa propre vision du monde.

---

1. Liens amoureux.

● *Les contradictions d'Alceste*

Cet obstacle qui divise le couple s'accompagne d'un autre obstacle, encore plus aliénant, parce qu'il divise et mutile l'individu lui-même. Il s'agit alors véritablement d'un obstacle de tragédie. L'être qui doit l'affronter se trouve irrémédiablement partagé entre deux impulsions contradictoires qui, pour lui, revêtent l'une et l'autre une importance essentielle. Cette division, Célimène la ressent : elle hésite entre son attirance pour Alceste et ses penchants frivoles. Mais sa légèreté l'empêche d'éprouver la cruauté d'une telle incompatibilité.

En revanche, la contradiction se révèle pour Alceste source d'une aliénation insupportable. Il est attaché à la sincérité, il déteste la médisance, il abhorre la compromission et est amené à aimer une jeune femme dont les valeurs sont à l'opposé des siennes. Et il ne peut choisir. Son seul espoir, bien chimérique, c'est de conduire celle qu'il aime à adopter sa vision du monde : autant demander au feu de se marier avec la glace. Il en est réduit, en vain, à souhaiter que cet amour l'abandonne ; et il émet naïvement ce souhait devant Célimène, s'exclamant, indigné par l'acharnement du sort :

> « Ah ! que si de vos mains je rattrape mon cœur,
> Je bénirai le Ciel de ce rare bonheur !
> Je ne le cèle pas, je fais tout mon possible
> A rompre de ce cœur l'attachement terrible ;
> Mais mes plus grands efforts n'ont rien fait jusqu'ici,
> Et c'est pour mes péchés que je vous aime ainsi »
>
> (Acte II, scène 1, v. 515-520).

C'est en fait la force même et le caractère inéluctable de cet obstacle intérieur qui expliquent la nature du dénouement. La pièce ne s'achève pas, comme les comédies, sur le mariage des deux personnages principaux, mais sur une rupture : rupture à la rigueur supportable pour Célimène qui pourra se consoler dans une vie mondaine ; rupture proprement tragique, sanctionnée par l'exil, pour Alceste.

L'AMITIÉ ORAGEUSE ENTRE ALCESTE
ET PHILINTE

Si la conception du monde du misanthrope revêt une grande importance dans cette intrigue amoureuse centrale qui le lie à Célimène, elle intervient également dans les rapports conflictuels qui unissent Alceste à Philinte. L'amitié entre les deux hommes constitue un élément important de la pièce. Elle se développe sur 11 scènes, c'est-à-dire dans toutes les scènes où paraît Philinte ; ce dernier, malgré sa rivalité amoureuse avec Alceste – il aime Eliante qui aime le misanthrope – , est toujours préoccupé par les problèmes de son ami.

Philinte a pour première fonction de jouer le rôle de l'homme de bon conseil sur qui l'on peut compter. C'est ce qui explique sa présence aux côtés du misanthrope dès le début de la pièce ; c'est ce qui justifie le fait qu'il figure dans 10 scènes en même temps que lui et qu'il est par trois fois seul avec lui ; c'est la raison pour laquelle il est le premier à tenter d'agir, lorsqu'Alceste fait connaître sa volonté de se retirer du monde :

> « Allons, Madame, allons employer toute chose,
> Pour rompre le dessein que son cœur se propose »
> (v. 1807-1808),

s'écrie-t-il immédiatement à la dernière scène de l'acte V mettant ainsi un point final à l'action.

La deuxième fonction de Philinte est plus abstraite. Constamment, il oppose sa propre conception du monde à la philosophie pessimiste d'Alceste. Alors que les rapports décrits précédemment pouvaient donner lieu à des jeux de scène animés, cette opposition prend place, de façon plus statique, dans des conversations : les excès d'Alceste se trouvent ainsi soulignés par la modération du ton de Philinte qui fait entendre la voix de la sagesse. Mais nous aurons l'occasion de revenir sur ce problème (voir pp. 53-54).

LES DEUX SUJETS COMPLÉMENTAIRES :
LE PROCÈS ET LA QUERELLE LITTÉRAIRE

L'impossibilité, pour Alceste, d'accepter la perversion et l'hypocrisie qui président aux rapports humains se trouve, par ailleurs, illustrée dans deux séries de développements accessoires qui viennent compléter le tableau.

Il s'agit d'abord de l'épisode du procès. Il est évoqué dans 3 scènes. Il est amorcé dès la scène 1 de l'acte I, lorsqu'Alceste désigne « le franc scélérat avec qui j'ai procès » (v. 124) ; il connaît un rebondissement à la scène 4 de l'acte IV, avec la menace d'arrestation du misanthrope ; il s'achève à la scène 1 de l'acte V, dénouement qui consomme la défaite d'Alceste, néanmoins lavé du bruit infamant que son adversaire avait fait courir sur son compte. Voilà une situation qui permet au personnage de vérifier sa thèse sur la perversité humaine et de renforcer son obstination sans limites : il jubile en fait de voir l'injustice s'abattre sur lui ; il la considère comme une illustration de l'injustice de la société où il vit.

Le deuxième épisode complémentaire est celui qui concerne Oronte. Il intéresse 4 scènes. La scène 2 de l'acte I permet d'entrer, sans exposition préalable, dans le vif du sujet, avec l'altercation littéraire qui oppose les deux hommes. Un rebondissement ·aura lieu à la scène 6 de l'acte II : un garde viendra chercher Alceste de la part d'Oronte. Le dénouement se produira à la scène 1 de l'acte V, avec le récit amusé que fera Philinte de la réconciliation. Mais il y aura une prolongation à la scène 1 de l'acte IV : Alceste révèlera à Philinte qu'Oronte a contribué à faire courir le faux bruit dont il est victime. Ce constat, qui permet par ailleurs d'établir un lien entre ces deux intrigues secondaires, sera une nouvelle justification, pour Alceste, de la nécessité d'une méfiance générale envers l'homme.

L'INTRIGUE ANNEXE ÉLIANTE-PHILINTE

Malgré leur diversité et leur nombre, les données dont il a été question jusqu'ici ne viennent pas rompre l'unité de l'action : intimement liées les unes aux autres, elles contribuent toutes à la construction de la trame ; elles ont toutes pour fonction d'illustrer l'inadaptation d'Alceste à son milieu.

Il est, dans la pièce, une dernière intrigue qui apparaît au premier abord quelque peu extérieure à l'intrigue principale : c'est celle qui met en scène les sentiments qu'éprouvent l'un pour l'autre Eliante et Philinte. Mais, en fait, ce développement ne vient pas remettre en cause la structure unifiée de la comédie ; il s'y rattache par trois liens.

Tout d'abord, cette intrigue n'est pas isolée ; elle est au contraire directement dépendante de l'amour d'Alceste et de Célimène. Ou plutôt, il y a interdépendance entre les deux actions : le mariage de Philinte et d'Eliante n'est possible que si Alceste se tourne vers Célimène ou s'il renonce définitivement au monde. Cette première condition est à plusieurs reprises posée par Philinte, notamment, avec une netteté particulière, à la scène 1 de l'acte IV, lorsqu'il déclare à Eliante :

> « Et moi, de mon côté, je ne m'oppose pas,
> Madame, à ces bontés qu'ont pour lui vos appas ;
> Et lui-même, s'il veut, il peut bien vous instruire
> De ce que là-dessus j'ai pris soin de lui dire.
> Mais si, par un hymen qui les joindrait eux deux,
> Vous étiez hors d'état de recevoir ses vœux,
> Tous les miens tenteraient la faveur éclatante
> Qu'avec tant de bonté votre âme lui présente :
> Heureux si, quand son cœur s'y pourra dérober,
> Elle pouvait sur moi, Madame, retomber » (v. 1 203-1212).

La situation créée ici par Molière est un peu comparable à celle du *Cid* de Corneille dans laquelle le mariage de Rodrigue avec l'infante exclut son mariage avec Chimène et inversement. Mieux, elle reprend le schéma des amours décalées de la pastorale, genre dramatique à la mode durant la première partie du XVIIᵉ siècle, qui mettait en scène des bergers et des bergères : un personnage, ici

Alceste, aime un second personnage, ici Célimène, mais n'en est pas aimé ; il est aimé par un troisième personnage, ici Eliante, qu'il n'aime pas, tandis que ce troisième personnage est aimé d'un quatrième personnage, ici Philinte, qu'il n'aime pas. Mais alors que, dans la pastorale, les deux couples harmonieux parviendront à se reconstituer, dans *Le Misanthrope*, seul le couple Philinte-Eliante connaîtra le bonheur : dénouement à moitié optimiste, à égale distance de celui de la pastorale et de celui de la tragédie racinienne qui s'achève toujours sur un échec total.

Le second lien entre l'action principale et cette action secondaire est le résultat de cette interdépendance : les deux actions ne se déroulent pas successivement, mais simultanément.

Enfin le troisième lien vient du rôle que joue cette action dans la vision du monde d'Alceste. La fidélité d'Eliante et de Philinte, leur loyauté forment comme un contrepoint à la conception pessimiste que le misanthrope a de l'homme.

Signalée dès la première scène de l'acte I, cette concurrence loyale entre Alceste et Philinte suivra les vicissitudes des relations entre le misanthrope et Célimène, pour s'achever, à la dernière scène de la pièce, par l'annonce du mariage de Philinte et d'Eliante. Cette réussite aura pour effet de souligner l'échec amoureux d'Alceste ; le contraste entre le désaccord d'Alceste et de Célimène et l'accord d'Eliante et de Philinte se trouve d'ailleurs posé tout au long de la pièce : alors que, nous l'avons vu, Célimène paraît sans Alceste dans 3 scènes, Eliante, dans les 7 scènes où elle est présente, l'est toujours aux côtés de Philinte.

UNITÉ DE LIEU ET DÉBORDEMENT LOCAL

● *Vraisemblance et invraisemblance du lieu unique*
Molière n'est pas prodigue de renseignements pour signaler le lieu où se déroule *Le Misanthrope*. Dans une indication liminaire, il se borne à noter : « La scène est à Paris. » Par ailleurs, à plusieurs reprises, lorsque des

visiteurs sont annoncés, il est précisé qu'ils doivent monter pour rejoindre Célimène : à la scène 2 de l'acte II, par exemple, lorsque Basque signale l'arrivée d'Acaste, la coquette lui ordonne : « Hé bien ! faites monter » (v. 531) ; de même, Eliante entre à la scène 4 de l'acte II, en annonçant : « Voici les deux marquis qui montent avec nous » (v. 559). On est donc dans une salle située en étage. Il ne fait aucun doute, d'autre part, que Célimène est chez elle ; de nombreuses notations le précisent, dont la plus claire est mise, à la scène 2 de l'acte II, dans la bouche d'Alceste qui lui reproche :

> « Quoi ? l'on ne peut jamais vous parler tête à tête ?
> A recevoir le monde on vous voit toujours prête ?
> Et vous ne pouvez pas, un seul moment de tous,
> Vous résoudre à souffrir de n'être pas chez vous ? »
> (v. 533-536).

La moisson des indications de lieu apparaît donc bien maigre. Molière, qui ne s'est pas toujours tenu à cette règle, s'est borné, sans se justifier, à adopter le lieu unique, ce lieu neutre où, dans la tradition « classique », tout se déroule, parfois non sans invraisemblance. Dans le salon de Célimène, affluent de nombreux personnages. De telles rencontres pourraient sembler artificielles. Mais cet aspect se trouve quelque peu atténué par la nature même d'un milieu où tout le monde se connaît et par le comportement de la coquette, dont le plaisir essentiel est de s'entourer de nombreux admirateurs. Néanmoins, une certaine invraisemblance naît des façons de faire de ces visiteurs qui agissent comme s'ils étaient chez eux, donnent des ordres, reçoivent des messages, semblent faire de la demeure de leur hôte leur résidence principale.

● *L'importance du monde extérieur : la Cour*

L'action ainsi confinée à l'intérieur d'un lieu unique et clos permet d'aviver les oppositions et les désaccords, de précipiter l'apparition des crises entre les personnages. Mais le lieu extérieur n'en reste pas totalement exclu pour autant. De nombreux endroits autres que le salon de Célimène sont évoqués dans la pièce. Le plus important est la Cour. Le salon de Célimène est un salon fréquenté par les courtisans ; il se définit par rapport à l'entourage royal dont il n'est en quelque sorte que le relais, la dépendance. Les allusions à ce centre auquel tous se réfèrent abondent dans la pièce. Il n'est pas question ici de les énumérer toutes, mais simplement d'en signaler quelques exemples particulièrement significatifs. La réputation ne peut s'acquérir qu'à la Cour, ne peut exister que si elle est cautionnée par le roi ; Oronte, désirant flatter Alceste, lui affirme à la scène 2 de l'acte I :

> « L'Etat n'a rien qui ne soit au-dessous
> Du mérite éclatant que l'on découvre en vous » (v. 267-268).

De même, le misanthrope, tout en condamnant les vers du poète, lorsqu'il veut reconnaître sa valeur personnelle, tombe d'accord sur « Le nom que dans la cour vous avez d'honnête homme » (v. 370). Dans ces conditions, le comble du bonheur est d'obtenir la faveur royale. On s'en félicite, lorsqu'on en bénéficie, comme Acaste qui, à la scène 1 de l'acte III, se réjouit d'être « bien auprès du maître » (v. 802). On en fait le jeu d'intrigues ; on se fait fort de l'obtenir pour ses amis, en usant de son influence, comme Oronte qui propose à Alceste :

> « On sait qu'auprès du roi je fais quelque figure ;
> Il m'écoute ; et dans tout, il en use, ma foi ! »
> (Acte I, scène 2, v. 290-291)

ou comme Arsinoé qui offre à son tour en ces termes ses services au misanthrope :

> « Pour moi, je voudrais bien que, pour vous montrer mieux,
> Une charge à la cour vous pût frapper les yeux.
> Pour peu que d'y songer vous nous fassiez les mines,
> On peut pour vous servir remuer des machines,
> Et j'ai des gens en main que j'emploierai pour vous,
> Qui vous feront à tout un chemin assez doux »
> (Acte III, scène 5, v. 1075-1080).

L'intrusion du lieu royal ne s'exprime pas toujours seulement en paroles. Le pouvoir pénètre parfois aussi directement dans le lieu clos, pour imposer sa justice : c'est l'arrivée du garde qui vient demander à Alceste, de la part d'Oronte, raison de l'affront qu'il lui a fait subir (acte II, scène 6) ; c'est la menace d'arrestation qui plane sur le misanthrope à la scène 4 de l'acte IV.

Ce lieu extérieur, à la fois source de dangers et d'espoir,

n'est pas le seul qui vienne ainsi rompre le repliement des personnages à l'intérieur du lieu unique : à la scène 1 de l'acte IV, par exemple, Philinte évoque le tribunal des maréchaux devant lequel Alceste et Oronte ont vidé leur différend ; de même, à la scène 4 de l'acte IV, Du Bois raconte comment d'inquiétants visiteurs sont venus dans la demeure d'Alceste. Il convient de signaler que ces allusions à des lieux non représentés sur le théâtre permettent le développement de récits, l'un, selon la tradition, longuement développé par Philinte, l'autre tronqué, dans le cas du valet balourd.

● *Un pittoresque timide*

Ce flou dans la localisation de l'action a tout naturellement des conséquences sur la description du lieu : il demeure vague ; il ne donne jamais matière à une caractérisation précise. La couleur locale fait totalement défaut. Ce constat est confirmé par la rareté des accessoires. La seule indication sur l'ameublement est celle qui fait état de la présence de sièges − à la scène 4 de l'acte II, à l'arrivée de ses visiteurs, Célimène demande : « Oui. Des sièges pour tous » (v. 560).

En dehors de cet élément totalement dénué de pittoresque, les écrits jouent un rôle plus important : c'est le papier que lit Oronte à Alceste à la scène 2 de l'acte I ; contenant son sonnet, il doit lui permettre de prendre des poses avantageuses et sera le support matériel du différend entre les deux hommes. Ce sont surtout les trois lettres de Célimène, celle adressée à Oronte qu'Alceste lui montre à la scène 3 de l'acte IV et celles que lisent Acaste et Clitandre à la scène 4 de l'acte V : porteuses de toute une dimension romanesque, elles sont en outre lourdes de conséquence sur le déroulement de l'action.

La rareté des indications scéniques extérieures au texte dit par les acteurs confirme la pâleur de la couleur locale. Elles ne sont que 17 et donnent, pour la plupart, des renseignements sur le comportement, les attitudes, les mimiques des personnages. Elles contribuent donc à créer un certain pittoresque psychologique étudié et décrit de l'extérieur. Lorsque Molière précise, par exemple, à la

45

scène 2 de l'acte I : « En cet endroit, Alceste paraît tout rêveur, et semble n'entendre pas qu'Oronte lui parle », il rend compte, en décrivant le corps, des états d'âme du personnage. De telles notations apparaissent tout naturellement dans une pièce qui est, pour l'essentiel, une comédie de caractères et de mœurs. Cette dimension est là, également, suscitée par les paroles prononcées, par les mouvements de scène effectués. Elle est manifeste, appuyée sur tout un aspect extérieur, sur les gestes voire l'habillement, dans ces portraits dont il sera question plus loin (voir pp. 48-60).

Et dans cette rubrique il ne faut pas oublier toute la signification historique : *Le Misanthrope*, on l'a déjà dit, n'est pas une pièce neutre, atemporelle ; elle est de son époque ; elle porte témoignage d'une organisation politique et sociale, de cette vie de cour qui lui sert de cadre.

UNITÉ DE TEMPS
ET DÉBORDEMENT TEMPOREL

Molière n'a pas fait beaucoup d'efforts pour caractériser le lieu du déroulement de sa pièce. Il n'en accomplit guère pour la situer dans le temps. Les habitudes « classiques », durant cette seconde partie du XVIIe siècle, étaient précises : le temps fictif qui s'écoulait durant un acte correspondait exactement au temps réel de la représentation ; cette coïncidence était assurée par la continuité de l'action que garantissait la succession ininterrompue des personnages sur la scène. Par contre, le temps réel occupé par les entractes — il y avait alors quatre entractes — pouvait être dépassé par le temps fictif de l'action qui continuait à se dérouler en l'absence du spectateur, mais dans une limite raisonnable, de telle manière que la durée totale n'excède pas les vingt-quatre heures.

Dans *Le Misanthrope*, la continuité de l'action à l'intérieur de chaque acte est correctement assurée. Mais le temps occupé par les entractes n'est guère indiqué de façon précise. On peut néanmoins essayer de le reconstituer ; à la scène 6 de l'acte II, Philinte, lorsque paraît le garde envoyé par Oronte, rappelle : « Oronte et lui se sont tantôt[1] bravés » (v. 755), signalant ainsi qu'il s'est écoulé quelques heures depuis l'altercation, laps de temps qui sépare donc l'acte II de l'acte I. Entre l'acte II et l'acte III, quelques heures ont également passé, le temps qu'Alceste se rende à la convocation et revienne trouver Célimène à la fin de la scène 4 de l'acte III ; il avait en effet quitté la coquette à la fin de l'acte II, en précisant :

« J'y vais, Madame, et sur mes pas
Je reviens en ce lieu, pour vider nos débats » (v. 775-776).

Entre l'acte III et l'acte IV, un temps également restreint s'est écoulé : en effet, à la scène 5 de l'acte III, Arsinoé demandait à Alceste de se rendre chez elle, pour qu'elle puisse lui donner une preuve de l'infidélité de Célimène ; et Alceste brandit cette preuve à la scène 2 de l'acte IV. Quant à l'acte V, il prend place avant la fin de la journée ; Alceste quittait Célimène à la fin de l'acte IV, en lui disant :

« (...) souffrez à mon amour
De vous revoir, Madame, avant la fin du jour »
(v. 1479-1480),

pour la rejoindre à la scène 2 de l'acte V, le temps de régler le délicat problème de la diffamation dont il était victime. Il est donc évident que la totalité de l'action s'inscrit bien dans les limites d'une journée au plus.

Mais, de même que la concentration locale souffrait quelques débordements, la concentration temporelle ne va pas sans quelques bavures. Il y a un déroulement temporel qui se situe en dehors de l'action à laquelle assiste le spectateur. Il prend place, on l'a vu, durant les entractes ; mais il est fait également allusion au temps qui précède et qui suit l'action de la pièce. Au temps qui précède, parce que les personnages ont un passé : la misanthropie d'Alceste ne s'est pas construite par exemple en un jour et, de façon plus ponctuelle, il est, autre exemple, engagé dans un procès. Au temps qui suit, parce que les personnages ont un avenir : que deviendra Alceste, dans son exil ? Célimène parviendra-t-elle à surmonter l'incident de la lettre ? Philinte et Eliante connaîtront-ils le bonheur ?

---

1. Tout à l'heure.

5 La comédie de caractères et de mœurs : la peinture des personnages

Le chapitre précédent envisageait la manière dont l'action est organisée. Les personnages, on l'a constaté, agissent, en partie du moins, selon les schémas de la comédie d'intrigue. Mais cette structure n'a pas pour seule fonction de faire progresser l'action. Elle sert également de cadre à la peinture des caractères et des mœurs. Les personnages représentés ne prennent pas seulement leur réalité dans les intrigues où ils sont impliqués. Ce ne sont pas des pantins sans consistance. Ils sont animés d'une vie profonde. Chacun d'entre eux se caractérise par sa physionomie, son état d'esprit, son comportement, voire son habillement. C'est ce qui va être analysé maintenant dans cette pièce particulièrement riche en notations psychologiques. Cette étude, il convient de le souligner, a pour domaine une œuvre théâtrale, et, comme dans toute œuvre théâtrale, la peinture des personnages se fait en action, prend sa réalité à partir du choc des répliques, des rapports de force.

ALCESTE, OU L'ATRABILAIRE AMOUREUX

● *Un malade*

Molière avait, un moment, songé à appeler *Le Misanthrope L'Atrabilaire amoureux*. Le terme « atrabilaire » est important pour saisir le comportement d'Alceste. Il renvoie à la théorie des humeurs alors admise au XVIIe siècle : quatre liquides baignent le corps humain : le sang, le flegme, la bile, la bile noire ou atrabile, ou mélancolie. Dans l'état normal, un certain équilibre s'instaure entre ces quatre influences, même si l'une d'elles assure sur les autres une certaine prépondérance qui permet de distinguer les sanguins à la nature gaie et ouverte, les flegmatiques caractérisés par leur calme et leur pondération, les bilieux au tempérament colérique, les mélancoliques ou atrabilaires enclins à la tristesse et au repliement.

Il se produit parfois des dérèglements qui aboutissent à la domination excessive d'une de ces humeurs. Alceste souffre d'une telle anomalie ; elle est d'ailleurs signalée dès la première scène de la pièce où lui-même parle de son « humeur noire » (v. 91), où Philinte renchérit en évoquant ses « noirs accès » (v. 98) et va même jusqu'à assimiler les comportements de son ami à une « maladie » (v. 105). Alceste est donc malade, malade de vivre, incapable de supporter l'existence, l'existence des autres, mais aussi sa propre existence. Il souffre en fait d'une affection nerveuse proche de la neurasthénie.

Cette difficulté de s'adapter aux autres se concrétise, de manière symptomatique, par une alternance de périodes d'excitation et de périodes d'abattement que Molière a exploitée pour créer des effets comiques. Il arrive à Alceste de bouillir véritablement d'indignation, comme à la scène 2 de l'acte I, lorsque Philinte se répand en éloges sur le sonnet d'Oronte : son élocution devient alors heurtée ; ses phrases sont hachées par les interruptions, ponctuées d'exclamations, parsemées de jurons. Et puis, à ces crises d'énervement intense qui ont usé son dynamisme, succèdent des moments de dépression : il ne veut plus voir personne, il se replie sur lui-même. Il abandonne tout projet d'action. Il refuse par exemple de lutter davantage pour gagner son procès ; ou bien il enjoint, à la scène 3 de l'acte I, à Philinte de ne pas le suivre ; ou encore il lui demande à la scène 1 de l'acte V :

> « Allez-vous-en la[1] voir, et me laissez enfin
> Dans ce petit coin sombre, avec mon noir chagrin »
> (v. 1583-1584).

1. Eliante.

● *Un être contradictoire*

Son comportement est donc marqué par la contradiction. Ces effets d'opposition, qui en font un continuateur des personnages pittoresques de la comédie d'intrigue, se manifestent constamment dans sa façon d'agir. Ils prennent place dans ses relations sentimentales : avide de sincérité, il est tombé amoureux de la coquette Célimène ; brûlant pour elle d'une passion extrême, il émet constamment le souhait paradoxal de ne plus l'aimer. Ils s'étendent à tous les domaines : ils triomphent dans son désir de perdre son procès, pour avoir le plaisir d'être victime d'une injustice. Ils éclatent dans sa démarche face à la médisance ; par exemple, à la scène 1 de l'acte II, Alceste peint un portrait très cruel de Clitandre, mais s'indigne à la scène 4 du même acte des évocations peu charitables que les invités de Célimène font de leurs familiers ; la jeune femme le relèvera d'ailleurs justement, en notant :

> « L'honneur de contredire a pour lui tant de charmes,
> Qu'il prend contre lui-même assez souvent les armes ;
> Et ses vrais sentiments sont combattus par lui,
> Aussitôt qu'il les voit dans la bouche d'autrui »
>
> (v. 677-680).

L'exclusivisme est aussi une des marques essentielles de son caractère. Pour lui, un sentiment n'est vrai et précieux que s'il est rare, réservé à un petit nombre, voire à une seule personne. Alceste n'entend pas partager. Cette conception apparaît aussi bien dans les relations amicales que dans les rapports amoureux. Dès le début de la pièce, elle éclate dans sa fureur de voir Philinte offrir son amitié au premier venu, et il fait cet aveu significatif :

> « Je refuse d'un cœur la vaste complaisance
> Qui ne fait de mérite aucune différence ;
> Je veux qu'on me distingue ; et pour le trancher net,
> L'ami du genre humain n'est point du tout mon fait »
>
> (v. 61-64).

A la scène 2 de l'acte V, la démarche est comparable, lorsque, parlant de Célimène, il avertit Oronte :

> « Je ne veux point, Monsieur, jaloux ou non jaloux,
> Partager de son cœur rien du tout avec vous »
>
> (v. 1611-1612).

Cette attitude peut apparaître comme marquée par la noblesse des sentiments. Mais il est une autre contradiction qui lézarde la personnalité d'Alceste. Son idéalisme ne l'empêche pas d'adopter souvent un comportement odieux qui est la conséquence de son égoïsme. Vouloir que Célimène renonce à son genre de vie, pour adopter le sien, n'est-ce pas là se comporter en homme qui ne pense qu'à la satisfaction de ses désirs ? Et que dire de sa façon d'agir avec Philinte et Eliante ? Il sait qu'Eliante l'aime ; il sait que Philinte aime Eliante, et il n'hésite pas, à la scène 2 de l'acte IV, à venir proposer à la jeune femme son cœur, en guise de vengeance.

Alceste ne se rend pas toujours compte des conséquences de ses paroles et de ses actes. Il ne se domine pas. Il est marqué, en tout, par l'excès, par la démesure, aussi entier dans sa réprobation que dans ses attirances. Et cet excès apparaît comme une sorte d'exutoire à la détresse dans laquelle il est plongé : c'est parce qu'il souffre profondément qu'il est ainsi amené à l'exagération, dans un désir radical de tout perdre, puisqu'il ne peut tout gagner.

Si le comportement d'Alceste est nettement caractérisé, son aspect physique l'est beaucoup moins : tout au plus, en l'appelant « l'homme aux rubans verts », Célimène, à la scène 4 de l'acte V, nous donne-t-elle quelques indications sur son habit. Quant à son âge, il n'est pas précisé. Si l'on s'appuie sur le fait qu'il était joué par Molière, il ne doit plus être dans sa première jeunesse.

CÉLIMÈNE, OU LE TRIOMPHE DU PARAÎTRE

Molière n'est guère plus prodigue de détails physiques pour Célimène. Philinte la nomme « cette belle » (v. 222) à la scène 1 de l'acte I, et belle, elle doit l'être, pour attirer tant de soupirants. Son âge par contre est signalé ; elle l'indique elle-même à la dernière scène de l'acte V, en répondant à la proposition d'Alceste de le suivre dans sa retraite par cette remarque :

« La solitude effraye une âme de vingt ans » (v. 1774).

Et cet âge explique l'incompatibilité d'humeur avec Alceste ainsi que le comportement même de la jeune femme. Par ailleurs, elle est veuve, Alceste le signale dès le début de la pièce en l'appelant « cette jeune veuve » (v. 225), ce qui lui donne une latitude d'action qu'elle n'aurait pas si elle était mariée ou encore jeune fille.

Tout le personnage est construit autour du désir de paraître. Elle a besoin d'une nombreuse compagnie, les gens qui se pressent chez elle en portent témoignage. Elle aspire à plaire et fait tout pour parvenir à ses fins, le nombre de ses amoureux le prouve. Arsinoé, dans un discours mielleux, dégage bien ces deux besoins en quelque sorte complémentaires, lorsqu'à la scène 4 de l'acte III elle insiste sur

> « Cette foule de gens dont vous souffrez visite,
> Votre galanterie, et les bruits qu'elle excite »
>
> (v. 889-890).

Dans ces conditions, il n'est pas étonnant qu'Alceste doute de son amour. On peut en effet s'interroger sur la réalité de son penchant. Et pourtant, elle dit sans ambages les sentiments qu'elle éprouve pour lui, lorsqu'à la question qu'il lui pose à la scène 1 de l'acte II :

> « Mais moi, que vous blâmez de trop de jalousie,
> Qu'ai-je de plus qu'eux tous, Madame, je vous prie ? »
>
> (v. 501-502),

elle répond :

> « Le bonheur de savoir que vous êtes aimé » (v. 503).

Mais, en présence d'Oronte, à la scène 2 de l'acte V, elle refuse de se prononcer. En fait, elle ne veut pas choisir ; elle veut garder tous ses soupirants.

Son égoïsme va donc de pair avec l'égoïsme d'Alceste. Mais à cet état d'esprit s'ajoute un trait négatif dont on ne pouvait accabler le misanthrope. Elle est d'une grande perfidie. Non seulement, elle est encline à la médisance, comme le souligne, dès le début de la comédie, Philinte qui parle de son « esprit médisant » (v. 219) et comme le confirment tous ses propos, au fil de la pièce, mais encore, c'est une personne à laquelle on ne peut guère se fier : l'épisode final de la lettre en apportera une preuve éclatante, en montrant de quelle manière elle se moque de ses soupirants.

Les deux éléments du couple Alceste-Célimène ont un statut tout à fait particulier. Si Célimène a l'âge de la jeune première traditionnelle, ce n'est pas le cas pour Alceste. Et surtout le ridicule du misanthrope et les défauts qui marquent les deux personnages ne sont pas susceptibles de leur attirer, sans réserve, cette sympathie que savent recueillir les protagonistes de la comédie d'intrigue.

PHILINTE, OU L'AMI FIDÈLE ET PHILOSOPHE

Le personnage de Philinte apparaît encore plus dépourvu de caractérisation précise. Nul détail ne vient évoquer son aspect physique. Nulle indication n'est donnée sur son âge. Il est par ailleurs le seul avec Eliante à ne pas être victime des portraits cruels qui plaisent tant à ces habitués des salons. Il est également le seul, avec Eliante, à pouvoir susciter, de la part du public, une sympathie pratiquement sans réserves. Sa fonction dans la pièce apparaît tout aussi privilégiée : il joue le rôle du confident d'Alceste ; il incarne une position de sagesse ; il est d'autre part le rival du misanthrope et amoureux d'Eliante. Ces trois perspectives déterminent les grands traits de sa construction.

C'est le confident d'Alceste. Voilà qui est bien commode pour faire connaître au spectateur les états d'âme du personnage principal de la pièce. Il n'est pas facile d'être l'ami d'un atrabilaire de cette sorte. Cette première fonction lui permettra de montrer toute sa patience. Il sait faire la part des choses. Il saura par exemple ne pas se formaliser, lorsque, hors de lui, Alceste s'écriera à la scène 1 de l'acte I (v. 8-12) :

« Moi, votre ami ? Rayez cela de vos papiers.
J'ai fait jusques ici profession de l'être ;
Mais après ce qu'en vous je viens de voir paraître,
Je vous déclare net que je ne le suis plus,
Et ne veux nulle place en des cœurs corrompus. »

Il est de bon conseil et tentera, à plusieurs reprises, en

vain, d'éviter à Alceste de se livrer à des actes irresponsables et dangereux.

Il incarne une position de sagesse et joue le rôle du raisonneur, personnage que l'on rencontre souvent dans le théâtre de Molière et qui défend les solutions du juste milieu. Il condamne à la fois l'excès de sincérité d'Alceste et l'excès de coquetterie de Célimène. Peut-être cette disposition d'esprit est-elle à mettre aussi au compte de la théorie des humeurs. A en croire Alceste qui interroge à la scène 1 de l'acte I :

> « Mais ce flegme, Monsieur, qui raisonne si bien,
> Ce flegme pourra-t-il ne s'échauffer de rien ? »
>
> (v. 167-168),

il ferait partie de la catégorie des flegmatiques que rien n'émeut, que rien ne dérange. Quoi qu'il en soit, il est d'une tolérance sans limites ; dépourvu de tout sectarisme, il n'a pas d'illusions sur l'être humain, mais pense qu'il faut se faire une raison de cette réalité : c'est là une position de philosophe, d'un homme auquel on peut reprocher ses excès de politesse et son insensibilité ; mais cela fait partie de son système...

Il est le rival d'Alceste et aime Eliante. Et ce rôle qui est le sien confirme le portrait. Son abnégation est admirable : il est prêt à s'incliner devant la décision de son ami. Il n'éprouve aucun ressentiment de l'amour que la jeune femme porte au misanthrope. D'une délicatesse exquise, il se refuse à faire quelque pression que ce soit sur Eliante. Mais peut-être, revers de la médaille, fait-il preuve d'une certaine froideur, d'un refus de s'engager pleinement.

ÉLIANTE, OU LA SINCÉRITÉ SANS L'EXCÈS

Dans cette peinture des caractères, Eliante apparaît un peu comme le double de Philinte dont elle reproduit globalement la vision du monde et le comportement. Mais le personnage semble bien moins riche, réduit qu'il est à un seul aspect : la jeune femme se définit, pour l'essentiel, dans ses rapports amoureux avec Alceste et Philinte.

Le trait principal de sa personnalité est la sincérité : Philinte la nomme, à juste raison, au début de la pièce, « La sincère Eliante » (v. 215) ; lorsque Célimène l'appelle à l'aide pour éviter de se prononcer entre Oronte et Alceste, elle répond avec une grande franchise :

> « N'allez point là-dessus me consulter ici :
> Peut-être y pourriez-vous être mal adressée,
> Et je suis pour les gens qui disent leur pensée »
>
> (Acte V, scène 3, v. 1660-1662).

Ce qu'elle admire chez Alceste, c'est son absence d'hypocrisie, son refus de la compromission ; elle l'indique à Philinte à la scène 1 de l'acte IV, en précisant :

> « Et la sincérité dont son âme se pique
> A quelque chose, en soi, de noble et d'héroïque »
>
> (v. 1165-1166).

Mais elle défend son point de vue avec calme et sérénité.

Cette sérénité est la marque de la solidité que Philinte relève à la scène 1 de l'acte I. C'est quelqu'un sur qui l'on peut compter, un être plein de lucidité, ce qui explique sa prudence, à la scène 2 de l'acte IV, lorsque le misanthrope vient lui offrir son amour.

Tel est le portrait, à vrai dire juste esquissé, d'un être un peu effacé : elle subit plutôt qu'elle n'agit ; les paroles qu'elle prononce sont relativement rares et Molière s'est dispensé de caractériser physiquement ce personnage positif, à l'abri, comme Philinte, des sarcasmes et des médisances habituels dans le salon de Célimène.

ARSINOÉ, OU LA FAUSSE PRUDE

Avec Arsinoé, Molière campe un de ces personnages ridicules, fortement contrastés, dont il offre une véritable galerie de portraits tout au long de son œuvre. Arsinoé est l'image de la fausse rigueur morale et de la fausse sincérité : c'est surtout Célimène, lors de sa confrontation avec elle à la scène 4 de l'acte III, qui en fait la cruelle description.

Dès la première scène, Philinte dégage les apparences du

personnage, en la nommant « La prude Arsinoé » (v. 216). Mais il ne s'agit en fait que d'une attitude démentie par la réalité. Célimène, à la scène 4 de l'acte III, souligne bien ses contradictions : elle est pieuse, mais bat ses domestiques et ne les paie pas ; elle prône la modestie, mais est imbue d'elle-même ; elle défend les valeurs spirituelles, mais se maquille pour paraître belle ; elle affiche la nécessité de la décence, mais est attirée par l'amour physique. Bref, elle se présente avec excès en champion de la morale, tout en pensant et en agissant à l'opposé de théories si hautement affirmées. Et, cruellement, la coquette donne une explication de ce comportement : c'est l'âge d'Arsinoé qui la pousse à jouer cette carte, parce qu'elle ne peut plus guère jouer la carte de la séduction.

A ces appréciations largement vérifiées par les faits, Célimène pourrait en ajouter d'autres. Arsinoé constitue l'exemple même de la fausse sincère : la sincérité n'est pour elle qu'un moyen pour faire éclater toute sa méchanceté. Elle est de ces bonnes âmes qui, sous le prétexte de rendre service, viennent avertir les intéressés des bruits fâcheux qui courent sur leur compte. C'est ce qu'elle fait avec Célimène à la scène 4 de l'acte III, annonçant, d'un ton fielleux :

« L'amitié doit surtout éclater
Aux choses qui le plus nous peuvent importer ;
Et comme il n'en est point de plus grande importance
Que celles de l'honneur et de la bienséance,
Je viens, par un avis qui touche votre honneur,
Témoigner l'amitié que pour vous a mon cœur »
(v. 879-884).

Et cet état d'esprit fait que l'on n'est guère surpris de voir à tous ces traits négatifs s'ajouter la mesquinerie. Elle jubile, dans la dernière scène de la pièce, en assistant à la chute de Célimène et, lorsqu'Alceste refuse de la considérer comme une solution de remplacement, elle a ces paroles significatives de sa bassesse :

« Le rebut de Madame[1] est une marchandise
Dont on aurait grand tort d'être si fort éprise »
(v. 1727-1728).

1. Célimène n'a pas voulu suivre Alceste.

ORONTE, OU LE POÈTE RIDICULE

Oronte offre un autre exemple des types ridicules chers à Molière. C'est un personnage qui se pique de littérature ; qui, peu doué, s'acharne à accabler son entourage de ses écrits. Célimène, dans sa lettre fatale, l'a bien jugé, lorsqu'elle note : « Et pour l'homme à la veste, qui s'est jeté dans le bel esprit et veut être auteur malgré tout le monde, je ne puis me donner la peine d'écouter ce qu'il dit ; et sa prose me fatigue autant que ses vers » (acte V, scène 4). A la scène 2 de l'acte I, le public avait pu avoir un échantillon de son activité poétique : maniant une langue précieuse, utilisant les précautions oratoires, louant sa propre production, émaillant sa lecture de commentaires ridicules, il prend des poses suffisantes, affiche la bonne opinion qu'il a de lui, avec une ingénuité quelque peu désarmante.

Son comportement est néanmoins contrasté. D'après le récit que Philinte fait de sa réconciliation avec le misanthrope, Alceste le considère comme digne d'estime en reconnaissant :

> « On peut être honnête homme et faire mal des vers :
> Ce n'est point à l'honneur que touchent ces matières ;
> Je le tiens galant homme en toutes les manières,
> Homme de qualité, de mérite et de cœur,
> Tout ce qu'il vous plaira, mais fort méchant auteur »
> (Acte IV, scène 1, v. 1144-1148).

Et certes, il doit être mis à son crédit de s'être satisfait des explications d'Alceste, de même que l'on doit considérer comme positif son désir de voir Célimène se prononcer définitivement entre lui et le misanthrope (acte V, scènes 2 et 3). Mais le dépit le conduit aussi à des gestes peu honorables : son altercation avec Alceste l'amène à se faire l'écho des bruits fâcheux qui courent sur lui ; de même, la révélation des lettres de Célimène le pousse à une rupture méprisante avec la coquette.

ACASTE ET CLITANDRE,
OU LES PETITS MARQUIS

Ce n'est pas un hasard si Acaste et Clitandre paraissent toujours ensemble, ont les mêmes attitudes, les mêmes réactions. Ce sont en fait deux personnages interchangeables : ils illustrent le type ridicule du petit marquis qui a été si fréquemment la cible de Molière. Les petits marquis, ce sont les petits nobles, courtisans serviles, à l'affût de la mode, surtout préoccupés de leur apparence physique : Molière pouvait les brocarder sans danger, parce qu'ils ne faisaient pas partie des grandes familles du royaume.

De ces deux ridicules, c'est Clitandre qui est le mieux caractérisé, grâce au portrait d'Alceste à la scène 1 de l'acte II : perruque blonde, grands canons (ornements qui venaient embellir le bas de la culotte), profusion de rubans, vaste rhingrave (sorte de culotte alors à la mode) et, suprême élégance, ongle long du petit doigt de la main gauche, Molière n'est pas avare de détails pour rendre compte de l'aspect physique du personnage. Le ridicule est encore complété par le ton de la voix, « ton de fausset » (v. 487) selon Alceste (acte II, scène 1), ton « doucereux » selon Célimène (acte V, scène 4).

Quant à Acaste, c'est lui-même qui, non sans suffisance, esquisse son portrait. Il insiste surtout sur sa prestance, louant son « bon air », sa « bonne mine », ses « dents belles », sa « taille fort fine » (v. 797-798). Mais il joue aussi au bel esprit : il insiste sur son autorité en matière théâtrale (acte III, scène 1). Célimène, dans sa lettre, se bornera à dégager le peu d'intérêt de sa personne et de ses « mérites qui n'ont que la cape et l'épée » (acte V, scène 4).

L'occupation essentielle de ces deux marquis réside dans les intrigues amoureuses. Et s'ils savent se montrer des rivaux loyaux (acte III, scène 1), ils font preuve d'une grande mesquinerie en affichant, à la fin de la pièce, leur mépris pour Célimène.

LE GARDE, BASQUE ET DU BOIS,
DES COMPARSES SANS GRANDE ÉPAISSEUR

Le caractère des trois derniers personnages n'est guère développé. Le garde, émergence de l'autorité royale, a une manière de s'exprimer conforme à sa profession : la raideur militaire de ses propos se trouve quelque peu atténuée par une politesse de convention. Basque, le valet de Célimène, a pour unique fonction d'annoncer l'arrivée des personnages. Ses paroles et son comportement sont totalement neutres. Du Bois, par contre, constitue une esquisse du valet balourd de la farce que Molière a si fréquemment utilisé. C'est le type même du serviteur niais et ahuri. Célimène le caractérise en quelques mots, lorsqu'elle le voit approcher à la scène 3 de l'acte IV :

« Voici Monsieur Du Bois, plaisamment figuré » (v. 1435).

Au début de la scène 4, Alceste le confirmera en parlant de son « air effaré » (v. 1436). Et sa façon d'agir vérifiera ces deux indications. Effrayé, il ne fera que répéter à Alceste qu'il lui faut partir sans plus attendre. Il se livrera à une évocation pleine de mystère des personnes qui ont demandé son maître chez lui. Il sera incapable de retrouver le papier qu'il était venu lui porter. Bref, il créera un épisode plein de truculence qui aura pour double fonction de détendre l'atmosphère et de susciter chez le misanthrope les mouvements d'impatience qui lui sont habituels.

LES PERSONNAGES ABSENTS DE LA SCÈNE,
OU UNE GALERIE DE PORTRAITS

A cette riche description des personnages qui jouent un rôle dans l'action de la pièce, s'ajoutent de nombreuses notations qui concernent des personnages absents du théâtre. Quatorze figures défilent ainsi dans *Le Misanthrope*, pour la plupart figures de ridicules ou de maniaques que Molière a, par ailleurs, souvent mises directement en scène dans ses comédies.

Il s'agit essentiellement de connaissances des habitués

du salon de Célimène que la coquette et ses invités ne se font pas faute de brocarder sans ménagement, en leur absence évidemment : c'est l'extravagant Cléonte, être à la physionomie et au comportement qui sortent des normes, ce qui lui vaut moqueries et sarcasmes, dans un monde où il ne fait pas bon se singulariser. C'est ce « grand flandrin de Vicomte », oisif qui ne sait que faire de son corps et passe son temps à « cracher dans un puits pour faire des ronds » (acte V, scène 4). C'est Damon, aux paroles obscures, aux propos incompréhensibles. C'est Damis, le bel esprit, qui juge tout du haut de son intelligence. C'est Bélise, au contraire, à la conversation insipide, qui n'est capable que de parler de la pluie et du beau temps. C'est Timante, « homme tout mystère » (v. 586), qui a toujours un secret à révéler. Ce sont les vaniteux, Adraste « gonflé de l'amour de soi-même » (v. 618), Cléon fier de la cuisine qu'il offre à ses invités mais, pour sa part, « fort méchant plat » (v. 629) ; c'est Géralde, entiché de noblesse. Ces portraits détaillés par Célimène et, accessoirement, par Acaste et Clitandre, prennent place, pour la plupart, à la scène 4 de l'acte II.

Mais Philinte, à l'occasion et de façon indirecte, sous le prétexte de demander à Alceste s'il irait jusqu'à dire leur fait à certains ridicules, donne lui aussi dans ces évocations cruelles : à la scène 1 de l'acte I, il brosse le portrait de Dorilas, fier de ses origines, puis celui de « la vieille Emilie » (v. 81), qui essaie par tous les moyens de se rajeunir. Alceste, lui non plus, ne dédaigne pas un tel jeu : il évoque Clitandre. Il stigmatise également son adversaire dans son procès, ce « franc scélérat » (v. 124), cet hypocrite que tout le monde ménage, réplique de Tartuffe qui parvient, en exploitant ses attitudes morales, à réussir dans l'existence (acte I, scène 1).

Deux portraits enfin, rapidement esquissés, sont faits par Du Bois, à la scène 4 de l'acte IV, mais, cette fois, dans un simple but d'information : ainsi prennent vie l'ami d'Alceste, aux manières douces et empressées, et « un homme noir et d'habit et de mine » (v. 1449), huissier à la figure inquiétante venu signifier au misanthrope la perte de son procès.

La diversité des points de vue $\boxed{6}$

L'étude des personnages a déjà permis de noter combien leurs réactions et leurs comportements étaient différents face aux problèmes de la vie, face aux rapports de pouvoir, face aux relations sociales. Ces visions du monde qui cohabitent ou s'opposent ainsi à l'intérieur du *Misanthrope* sont doublement importantes. Elles jouent en effet un rôle essentiel dans l'intrigue principale qu'elles contribuent, en grande partie, à conduire (voir p. 35-39). Elles posent, d'autre part, la pièce comme une comédie d'idées, en agitant les grandes questions qui préoccupaient les contemporains de Molière et qui concernent aussi nos contemporains.

LES DEGRÉS DE LA SINCÉRITÉ

● *Une idée-force*
La sincérité est, à l'évidence, l'idée-force autour de laquelle se construit toute la pièce. Elle intervient dans le comportement que doit avoir l'individu dans le milieu social où il évolue. Elle souligne la difficulté de concilier les impulsions individuelles et les impératifs collectifs. Elle dégage les rapports ambigus qui existent entre les apparences et la vérité. Comme La Rochefoucauld dans ses *Maximes*, Molière se livre ici à une analyse qui accorde une grande place au relatif.
  Il ne fige pas les positions, en dégageant deux solutions uniques et extrêmes qui s'excluraient mutuellement, mais décrit au contraire toute la gamme des possibilités. Chaque personnage a sa solution. Chaque solution, même si

parfois elle paraît brutale, si elle semble refuser le compromis, tient toujours compte de deux pôles : le pôle de l'absolu individuel qui donne libre cours aux impulsions immédiates de la nature et le pôle de l'absolu social qui fait triompher les apparences et le fabriqué.

Dès lors, les personnages du *Misanthrope* peuvent fort bien tomber d'accord sur cette difficulté d'adaptation qu'éprouve chacun, lorsqu'il se trouve confronté aux autres. Ils peuvent déplorer ensemble que les relations sociales soient perverties par le recours à la ruse, à la force ou à la dissimulation. Philinte en convient, tout comme Alceste. Eliante le reconnaît. Même Célimène, voire Arsinoé, ont parfois des paroles qui donnent à penser qu'elles ne sont pas loin d'un tel constat.

Mais lorsqu'ils ont à faire face à cette situation, alors ils se séparent, chacun a sa stratégie, chacun a ses armes, chacun a ses ripostes. Et c'est donc dans la pratique qu'il est possible de les classer sur cette échelle de la sincérité, de dégager les attitudes susceptibles d'être adoptées face à cet important problème humain : ainsi pourront être précisées les différentes conceptions de l'homme.

● *De la sincérité aux concessions*

Alceste, c'est, en première analyse, la sincérité totale, entière, sans compromis. Elle doit traquer tous les vices, être constamment à l'affût des défauts des autres. Elle se révèle comme une démarche pédagogique directive qui doit s'efforcer d'orienter l'homme sur la voie de la vertu. C'est apparemment la solution du tout ou rien, l'attitude de la rigueur et du sectarisme. Mais cette rigueur, ne se relâche-t-elle pas parfois ? Alceste doit, lui aussi, tenir compte des réalités, en maintenant les apparences d'un certain savoir-vivre ; et souvent, il ne peut s'empêcher d'adoucir sa position ; il sait se montrer conciliant envers Célimène et surtout envers lui-même. Sa sincérité, c'est en fait la sincérité de l'égoïsme, la franchise commode qui ne se soucie guère des traumatismes qu'elle impose aux autres. Car la vérité est-elle toujours bonne à dire ? La misanthropie qui véhicule un tel comportement, c'est une misanthropie de désillusion et non de réflexion. C'est un refus général de l'être humain - « (...) je hais *tous* les hommes » (v. 118), dira Alceste de façon significative à la scène 1 de l'acte I -, conséquence des échecs subis plutôt que d'une aspiration à un idéal de perfection déçu par les faits.

Eliante, c'est la sincérité indulgente, empreinte de retenue, qui préfère se taire plutôt que contredire, qui aime mieux constater les aspects positifs des êtres plutôt que médire de leurs défauts. C'est la lucidité sans aigreur d'une jeune femme dépourvue d'illusions et qui, par conséquent, est prête à saisir le bon côté des choses. Elle aime Alceste. Mais si Alceste la refuse, elle fera son bonheur avec Philinte. Elle défend la position humaniste qui s'efforce de juger l'homme à niveau d'homme, sans faire appel à des valeurs de dépassement.

Philinte, c'est l'intégration sociale réfléchie. C'est la reprise de la position d'Eliante, mais avec, en plus, une part de rouerie, une dose d'arrivisme, un doigt de cynisme. Puisque la société est ainsi faite, il faut s'en satisfaire, il faut même se servir de ses tares, les exploiter à son profit. Et Philinte incarne, tout à fait, la conception de l'honnête homme du XVII\ :sup:`e` siècle, c'est-à-dire d'un être éminemment adapté à la société, qui, sous les concessions inévitables, sait conserver une certaine honnêteté d'esprit. Il n'éprouve pas d'hostilité de principe envers les hommes, il les accepte tels qu'ils sont, parce qu'il sait que la perfection n'existe pas, parce qu'il n'a pas en tête une image idéale de l'être humain à laquelle il voudrait que tous se conforment.

● *Les hypocrites*

Avec Oronte, la perversion du jeu social fait son chemin. Son honnêteté et ses sentiments sont directement sous la dépendance de ses intérêts et de son amour-propre. Ils sont étroitement subordonnés aux faux-semblants et donc éminemment réversibles. Qu'Alceste refuse de louer ses vers, et il lui retire aussitôt son amitié. Que Célimène l'humilie, et il lui ôte aussitôt son amour. Dans son système, les autres ne sont plus que des outils destinés à satisfaire sa vanité.

63

Oronte était déjà le type du courtisan perverti puissamment intégré à la vie de cour, asservi à ses règles et à ses lois. Les marquis vont encore plus loin dans cette voie. L'artifice leur est devenu une seconde nature. Ils ne peuvent plus être eux-mêmes. Constamment en représentation, ils ne se déterminent qu'en fonction de la mode, du bon ton. Et même quand ils sont sincères, lorsque, par exemple, ils essaient de jouer loyalement, à la scène 1 de l'acte III, le jeu de la concurrence honnête, ils le sont, parce qu'il est bien vu de l'être.

Avec Célimène, on franchit un degré de plus dans cette escalade de l'insincérité. C'est que la coquette a l'avantage – ou l'inconvénient – d'être totalement lucide. Elle joue, mais elle sait qu'elle joue. Elle est hypocrite , mais elle sait qu'elle est hypocrite. Ses dissimulations, ses mensonges, ses demi-vérités, elle sait qu'elle s'y livre pour se faire une place dans ce monde de la séduction. Elle agit ainsi, par intérêt certes, mais aussi pour la beauté du geste, pour se divertir des autres. Elle éprouve un grand mépris pour ses semblables. Paradoxalement, elle fait une exception pour Alceste, parce qu'en fait leurs conceptions sont relativement proches l'une de l'autre. Par mépris pour l'homme, il tombe dans une sincérité excessive ; par mépris pour l'homme, elle donne dans une insincérité sans nuances.

Reste la conception d'Arsinoé. C'est la conception peut-être la plus paradoxale. Arsinoé est en apparence sincère, puisqu'elle dit, en apparence, la vérité. Mais, dans ses intentions, elle ne l'est pas. Elle a, de tous, la position la plus détestable, parce qu'elle dissimule constamment son désir de nuire sous les prétextes de la moralité et du bien. Un Tartuffe en jupons, en quelque sorte...

L'AMOUR ET L'AMITIÉ

Les positions adoptées envers la sincérité exercent une influence déterminante sur ces relations privilégiées que sont l'amour et l'amitié. Là encore, les solutions ne sont pas radicalement tranchées. Là encore, des contradictions viennent souvent infirmer les déclarations de principe des personnages.

L'amitié revêt, tout au long de la pièce, des aspects multiples dont on peut se demander s'ils sont complémentaires ou antagonistes. Pour Alceste, c'est un sentiment qui doit répondre à un choix, qui ne doit pas être semé à tous vents ; on ne peut réellement en être bénéficiaire que si l'on se sent sorti de la masse, privilégié par rapport aux autres ; il le souligne avec une grande netteté, lorsqu'il demande à Philinte au début de la comédie (v. 49-52) :

> « Quel avantage a-t-on qu'un homme vous caresse,
> Vous jure amitié, foi, zèle, estime, tendresse,
> Et vous fasse de vous un éloge éclatant,
> Lorsqu'au premier faquin il court en faire autant ? »

Ce type de relations suppose la franchise : pour rendre service à celui qui sollicite l'amitié, il convient de lui dire crûment ce que l'on pense de lui et de ses actions : c'est à une telle pratique que le misanthrope se livre avec Oronte à la scène 2 de l'acte I.

Pour Philinte, il convient de ne pas confondre l'amitié véritable et les faux-semblants d'amitié nécessaires à la vie sociale. Il s'agit alors d'un système d'échanges, d'une sorte de troc de bonnes manières et de paroles aimables qui facilitent les relations ; il l'indique clairement à la scène 1 de l'acte I, lorsqu'il répond en ces termes à l'indignation d'Alceste (v. 37-40) :

> « Lorsqu'un homme vous vient embrasser avec joie,
> Il faut bien le payer de la même monnoie,
> Répondre, comme on peut, à ses empressements,
> Et rendre offre pour offre, et serments pour serments. »

Et cette façon de faire est également à la source même de la conception d'Oronte qui offre ses services à Alceste en même temps que son « amitié », à la scène 2 de l'acte I.

Ce sont là deux positions qui connaissent l'une et l'autre leurs limites. La pureté d'Alceste sent son égoïsme ; l'apparent altruisme de Philinte amène à la compromission. Les contradictions sont manifestes : Alceste se conduit, en définitive, bien mal avec son ami dont il ne ménage pas les sentiments pour Eliante, alors que Philinte est prêt à se sacrifier pour le misanthrope.

Les relations amoureuses répondent au même principe. D'un côté, se définit la conception d'Alceste qui défend la nécessité de l'exclusivisme et de la sincérité. Il convient de dénoncer avec vigueur les défauts de l'être aimé, il le déclare sans ambages à la scène 5 de l'acte II (v. 701-706), dans cette véritable profession de foi :

> « Plus on aime quelqu'un, moins il faut qu'on le flatte ;
> A ne rien pardonner le pur amour éclate ;
> Et je bannirais, moi, tous ces lâches amants
> Que je verrais soumis à tous mes sentiments,
> Et dont, à tous propos, les molles complaisances
> Donneraient de l'encens à mes extravagances. »

De l'autre, s'affirme la conception de Célimène pour laquelle les faux-semblants amoureux font partie de la vie sociale et peuvent être exploités pour favoriser ses intérêts ; elle le signale à Alceste, lorsque, parlant d'Acaste, elle déclare à la scène 2 de l'acte II (v. 547-548) :

> « Et jamais, quelque appui qu'on puisse avoir d'ailleurs,
> On ne doit se brouiller avec ces grands brailleurs. »

Le comportement d'Arsinoé proposant, comme Oronte, ses services à Alceste, à la scène 5 de l'acte III, va tout à fait dans le même sens.

LA NÉCESSITÉ DE LA NORMALITÉ

Le développement de tels comportements ne peut se comprendre qu'à l'intérieur d'une société marquée par la rigidité. *Le Misanthrope*, comme bien d'autres comédies de Molière, résonne du combat entre l'anormalité et la normalité. La normalité repose sur l'adoption de solutions moyennes, de positions du juste milieu. Il ne faut pas se distinguer, se singulariser. Les deux seuls personnages qui sont épargnés dans la pièce et qui connaissent, dans le dénouement, la réalisation de leurs souhaits et la concrétisation de leur bonheur sont justement ceux qui sont dépourvus de tout sectarisme, de tout excès : Philinte, certes, fait de nombreuses concessions, mais il le sait et les tempère par un comportement plein d'humanité ; Eliante est sincère, ou essaie de l'être, mais ne s'érige pas pour autant en juge.

Par contre, tous les autres personnages font partie de ces extravagants qui, dans les pièces de Molière, connaissent l'échec, et qui, dans *Les Caractères* de La Bruyère, sont présentés comme des excentriques inadaptés. Alceste part perdant, non parce qu'il est sincère, mais parce qu'il est trop sincère. Célimène est humiliée, non parce qu'elle est coquette, mais parce qu'elle dépasse les bornes permises de la coquetterie. Oronte est ridicule, non parce qu'il écrit des vers, mais parce que cette activité est devenue, chez lui, une véritable manie. Les marquis prêtent à rire, non parce qu'ils sont à l'affût de la mode, mais parce que cette recherche a pris la forme d'une obsession. Arsinoé n'est pas condamnée pour sa pruderie, mais pour l'exagération qui marque ses attitudes.

DEUX CONCEPTIONS DE LA LITTÉRATURE

De façon plus épisodique, *Le Misanthrope* (acte I, scène 2) voit s'affronter deux conceptions de la littérature. Oronte, par la lecture de son sonnet, apparaît comme le partisan inconditionnel de la préciosité. Sentiments alambiqués, recours à l'image et à la métaphore, utilisation de l'antithèse qui repose sur des oppositions vigoureuses de termes, il accumule tous les procédés qui marquent cette écriture à la mode. C'est là un style artificiel et ampoulé qui va tout à fait dans le sens du caractère du personnage. Alceste lui oppose une complainte populaire : naturel, sincérité, simplicité, telles sont les valeurs qu'il défend dans cette chanson du roi Henri, réplique à la complication du poème précieux. Dans cette confrontation, le constat est le même que celui qui a pu être dégagé précédemment. Les deux manières apparaissent entachées de ridicule, parce que marquées par l'excès : Alceste est tout aussi excessif dans sa recherche du dépouillement et du naturel qu'Oronte dans son attirance pour l'artifice et le fabriqué.

LA POSITION DE MOLIÈRE

Face à cette diversité, quelle est la position de Molière ?
C'est là un problème délicat. Il sous-entend en effet une
prise de parti de l'auteur : ce dernier soutiendrait certains
de ses personnages, pour en rejeter d'autres ; il s'incarne-
rait dans certains d'entre eux, pour prendre, au contraire,
ses distances avec certains autres.

On est amené à revenir sur les personnages réels qui ont
pu inspirer l'auteur. Des critiques ont vu dans Alceste la
projection de Molière lui-même qui souffrait d'une
certaine forme de misanthropie ; Célimène aurait été le
reflet d'Armande Béjart, connue pour sa coquetterie et son
instabilité sentimentale et l'action de la pièce se serait
inspirée des relations tumultueuses qui liaient Molière à
Armande. Bref, Molière et Armande Béjart auraient en
quelque sorte joué leur propre rôle. Cette version des faits
est, à l'évidence, caricaturale. Comment expliquer, dans ce
cas, le ridicule prêté au misanthrope ? Et, d'autre part, le
théâtre n'est pas la vie ; les compositions théâtrales se
créent en faisant intervenir des éléments multiples et
divers. Tout au plus, dans ces conditions, est-il possible de
dire que Molière s'est peut-être servi, entre autres, de son
expérience, pour élaborer ce scénario.

Reste le cas de Philinte : d'autres critiques ont affirmé
qu'il s'agissait là du véritable porte-parole de Molière, qui,
par son truchement, aurait marqué sa préférence pour les
solutions du juste milieu. C'est ce qui expliquerait que ce
personnage est épargné, alors que tous les autres sont
soumis aux attaques, voire au ridicule. Certes, il n'est pas
exclu que Molière ait été attiré par une position de
modération. Mais de façon plus générale, plutôt que d'une
vision manichéenne séparant radicalement les bons des
méchants, il s'agit du constat de la situation idéologique du
XVIIᵉ siècle. Dans cette société normalisée, ceux qui, par
leur excès, s'inscrivaient en marge, étaient fatalement
éliminés et ridiculisés. C'est dans cette perspective que
s'expliquent les allusions au pouvoir royal qui fonctionne
comme arbitre suprême, comme garant de la normalité,
comme obstacle à l'expression du droit à la différence.

Du tragique au comique : une grande variété de registres

L'organisation de la pièce, les caractères des personnages, la conception, ou plutôt les conceptions du monde véhiculées, autant d'éléments importants pour la compréhension du *Misanthrope*. Il est un dernier point essentiel : c'est l'écriture adoptée, ce sont les tonalités introduites. Durant cette seconde partie du XVIIe siècle, une séparation rigoureuse des tons avait tendance à s'imposer : ainsi s'établissait une quatrième unité qui venait compléter les unités d'action, de temps et de lieu. Une telle uniformisation permettait de dégager fortement le caractère comique ou tragique des situations, mais avait pour inconvénient de gommer la complexité de la vie. Cette nécessité d'unité de registre explique la disparition du genre intermédiaire de la tragi-comédie, au profit des genres plus tranchés de la comédie et de la tragédie.

Molière a appelé *Le Misanthrope* comédie. Mais cette appellation ne doit pas faire illusion. La pièce marie intimement des tonalités fort diverses. Offrant des passages tendus et des passages comiques, s'achevant sur un dénouement à demi positif, elle se présente en fait comme une tragi-comédie qui privilégie l'étude des caractères et des mœurs et qui pose le problème des relations sociales.

LA TENSION DRAMATIQUE

De nombreux éléments de l'intrigue orientent la pièce vers une tonalité totalement différente de la tonalité comique. Le drame est constamment présent dans les rapports qui unissent les personnages principaux. C'est en effet leur bonheur qui est en cause, leur avenir qui se décide sous les yeux du spectateur. Ce n'est pas en soi une mince affaire. La tension se trouve encore accentuée par la nature même des obstacles qui entrent en jeu. Les protagonistes n'ont pas à lutter, comme dans la plupart des comédies, contre des parents ridicules et bornés ; ils ont à combattre des rivaux redoutables. Ils ont surtout à se battre à l'intérieur même du couple, voire à affronter leurs propres divisions.

La situation est en fait une situation tragique et le dénouement, quel qu'il soit, ne peut être que tragique : qu'Alceste choisisse Célimène, et voilà Eliante repoussée ; qu'il préfère Eliante, et voilà Célimène et Philinte déçus dans leur attente. Quelle que soit la solution, il y aura toujours des perdants parmi les personnages sympathiques. Le public suspend donc son rire : il ne sait à qui apporter son soutien ; il n'arrive pas à orienter son choix ; il souffre de l'incommunicabilité qui marque les entretiens entre le misanthrope et la coquette ; il est attendri par la bonne volonté d'Eliante et de Philinte ; il est troublé par le comportement maladif d'Alceste. Et c'est mal à l'aise qu'il partira, à la fin de la pièce ; il restera sur le souvenir de cet échec auquel, enfermés dans leur détermination, murés dans leur entêtement, les deux personnages principaux n'auront su ou n'auront voulu échapper.

A cette donnée fondamentale viennent s'adjoindre d'autres données secondaires qui ajoutent à cette tonalité. C'est d'abord, autre dimension tragique, la présence de l'autorité royale. Cette constante référence fait peser sur les personnages tout le poids de la fatalité sociale, souligne l'impossibilité dans laquelle ils sont d'échapper à une normalité inéluctable. C'est ensuite l'atmosphère tragi-comique créée par le caractère dangereux d'obstacles extérieurs, porteurs de mort ou d'atteinte à l'intégrité physique, qui viennent s'opposer à Alceste : d'abord affronté aux risques d'un duel avec Oronte, lorsqu'il doit répondre à la convocation du tribunal des maréchaux (acte II, scène 6), il est ensuite près d'être arrêté, à la suite d'un faux bruit que l'on a fait courir sur son compte (acte IV, scène 4). Et, chaque fois, s'installe une ambiance lourde et inquiétante qui amène le spectateur à craindre pour le misanthrope et à attendre avec impatience les rebondissements de la situation.

LA COMÉDIE SÉRIEUSE

Mais descendons de plusieurs échelons l'échelle de la tension dramatique. Dans *Le Misanthrope*, Molière ne rompt pas, on l'a vu (p. 35-37), avec la tradition de la comédie d'intrigue. Il respecte les règles du genre, en exploitant les rebondissements plaisants, sources d'intérêt et de curiosité pour le spectateur. Il adopte l'essentiel du schéma, même s'il l'aménage, en supprimant certains rouages et en introduisant, par contre, le procédé des amours contrariées cher à la tragi-comédie pastorale. Il joue le jeu de la détente, même s'il ajoute une certaine dimension tragique, notamment visible dans le dénouement.

Le Misanthrope, c'est aussi une comédie de caractères et de mœurs. Il n'est guère possible de séparer ces deux aspects dans la pièce de Molière. Il s'agit en effet d'une œuvre dans laquelle les réactions individuelles ne prennent toute leur signification qu'en fonction du cadre social où elles se situent. Ce registre de la grande comédie donne lieu à une analyse fouillée des comportements (voir p. 48-60) ; il a donc pour but de s'adresser à la réflexion du spectateur. Mais il est aussi susceptible de faire naître le rire, un rire léger proche du sourire, en introduisant les effets du comique de situation. Il s'agit alors de créer comme un hiatus entre un comportement individuel et une situation sociale. Un ou plusieurs personnages, en ce cas, se trouvent en porte-à-faux, le comique résultant de la position embarrassante, voire contradictoire, dans laquelle ils sont placés.

De tels effets se comptent en très grand nombre dans une pièce qui, par sa nature, les exploite de façon privilégiée. Il n'est pas question ici de les énumérer tous. Trois exemples suffiront pour montrer le fonctionnement de ce procédé : à la scène 3 de l'acte I, Philinte s'attachant obstinément aux pas d'Alceste, alors que son ami lui enjoint de le laisser seul, amuse ; à la scène 4 de l'acte II, la volonté d'Alceste, de Clitandre et d'Acaste de quitter les lieux chacun le dernier divertit ; à la scène 4 de l'acte III, la position d'Arsinoé, déconcertée par la riposte de Célimène à ses avertissements prétendument amicaux, fait sourire.

LE COMIQUE DE MOTS

Dans cette comédie de caractères et de mœurs, l'expression prêtée aux différents personnages revêt naturellement une grande importance. Elle contribue à les peindre. Chacun d'entre eux est doté d'un vocabulaire et d'une manière de s'exprimer qui correspondent à ce qu'il est. Mais ces procédés peuvent également susciter le rire, ou plutôt un sourire, résultat d'une démarche intellectuelle, du constat d'un ridicule ou d'un excès dans le comportement. Les exemples, dans ce domaine, sont également en grand nombre : c'est la langue niaise et peu correcte du valet Du Bois (acte IV, scène 4) ; c'est la manière précieuse du sonnet d'Oronte (acte I, scène 2) ; ce sont les jurons d'Alceste (acte I, scène 1) ; ce sont les précautions oratoires et le vocabulaire guindé d'Arsinoé (acte III, scène 4).

Il convient de noter que, dans cette pièce, Molière n'a pas exagéré les particularités de langue : point de recours ici au charabia, comme dans *Le Bourgeois gentilhomme*, avec le parler pseudo-turc ou comme dans *Le Malade imaginaire*, avec le latin de cuisine. En fait, les personnages sont porteurs d'une expression à peine plus chargée que celle des contemporains affublés de ridicules comparables.

Il s'agit plutôt, dans *Le Misanthrope*, d'un comique de mots profondément enraciné dans les caractères dont il apparaît comme la conséquence directe. Cet aspect est particulièrement net dans l'usage que fait Molière de la répétition. Ce ne sont pas alors seulement les expressions qui sont comiques en elles-mêmes, mais les différents éclairages qui viennent en nuancer la signification.

Parfois, la même idée est répétée par un même personnage. C'est le cas, à la scène 4 de l'acte IV, lorsque Du Bois, de différentes manières, conseille à Alceste de partir : « Monsieur, il faut faire retraite » (v. 1441) ; « Il faut d'ici déloger sans trompette » (v. 1442) ; « Je vous dis qu'il faut quitter ce lieu » (v. 1443) ; « Il faut partir, Monsieur, sans dire adieu » (v. 1444) ; « Par la raison, Monsieur, qu'il faut plier bagage » (v. 1446), autant de redites qui accentuent la balourdise du valet et soulignent l'impatience d'Alceste dont les interrogations inquiètes restent sans réponse.

Parfois, la reprise est due à un autre personnage qui fait alors éclater les contradictions ou les excès ; c'est ainsi que procède Philinte à la scène 1 de l'acte I. Alceste, pour stigmatiser les complaisances de son ami, avait utilisé cette formule décisive :

> « Et si, par un malheur, j'en avais fait autant,
> Je m'irais, de regret, pendre tout à l'instant » (v. 27-28).

Philinte rétorque avec humour, montrant ainsi l'inadéquation du propos :

> « Je ne vois pas, pour moi, que le cas soit pendable,
> Et je vous supplierai d'avoir pour agréable
> Que je me fasse un peu grâce sur votre arrêt,
> Et ne me pende pas pour cela, s'il vous plaît » (v. 29-32).

Célimène agit de même à la scène 4 de l'acte III ; en reprenant presque mot pour mot (v. 957-960) — elle remplace seulement « l'âme » par « aussi » — cette conclusion des avertissements d'Arsinoé :

> « Madame, je vous crois l'âme trop raisonnable,
> Pour ne pas prendre bien cet avis profitable,
> Et pour l'attribuer qu'aux mouvements secrets
> D'un zèle qui m'attache à tous vos intérêts »
> (v. 909-912),

elle retourne, tel un boomerang, les propos de la fausse prude contre elle-même.

LE BURLESQUE

L'influence qu'exerce le burlesque dans l'écriture du *Misanthrope* revêt une importance moindre que dans d'autres pièces de Molière ; elle est loin, en particulier, de connaître le développement que l'on peut constater dans *Dom Juan*, qui exploite la cohabitation de Sganarelle, personnage de farce, et de Dom Juan, personnage de tragi-comédie, voire de tragédie. Cette influence n'en est pas pour autant négligeable : les effets d'opposition, parfois de contradiction, qui caractérisent ce style sont en nombre important et se manifestent de multiples manières.

Utilisés, il est vrai, avec modération, ils sont à la base même de la construction de nombreux personnages de la pièce. La plupart en effet sont fortement marqués par des divisions : divisions internes qui font que des motivations opposées provoquent l'éclatement de leur personnalité ; divisions externes complémentaires qui se concrétisent par une inadaptation, par une impossibilité de réussir dans leurs entreprises, par une démarche qui repose sur l'échec. Mis à part Philinte, Eliante et les figurants, c'est le lot de tous les autres personnages de la pièce : Alceste, partagé entre ses convictions et son amour pour Célimène, agit de telle manière que, malgré lui, il travaille à s'aliéner la coquette ; Célimène, qui tient à Alceste, tout en ne voulant pas renoncer à ses autres soupirants, se voit finalement abandonnée de tous ; Arsinoé, la prude, avide de passion amoureuse, est à la fois contestée dans sa pruderie et dans son amour ; Oronte, réclamant la sincérité, tout en désirant l'adulation, n'obtient pas la flatterie et se trouve aussi privé des avantages qu'aurait pu lui attirer, de la part d'Alceste, son aspiration à la franchise ; les deux marquis qui se piquent de distinction morale, tout en n'attachant d'importance qu'à eux-mêmes, ne recueilleront, auprès de Célimène, ni les fruits de leur égoïsme, ni la récompense de leurs prétendus bons sentiments.

Ces constructions sont fréquentes dans le théâtre de Molière. Dans *Le Misanthrope,* Alceste et Célimène sont marqués par leur originalité ; il n'en est pas ainsi des autres : Arsinoé, la prude, annonce Armande des *Femmes savantes* ; Oronte, le poète ridicule, sera repris, dans *Les Femmes savantes*, avec Trissotin et Vadius ; les petits nobles avaient été déjà brocardés dans *Les Précieuses ridicules*, avec le Marquis de Mascarille et le Vicomte de Jodelet, deux valets chargés par leurs maîtres de singer les courtisans, pour se venger des rebuffades de Magdelon et de Cathos.

Le burlesque apparaît aussi dans l'écriture même. Il est visible dans le mélange des tons, dans cette cohabitation du tragique et du comique qui viennent se contester mutuellement. Dans les détails, il est apparent, chaque fois que se développent des effets risibles de contraste qui font éclater l'unité de la réalité. Les exemples sont nombreux. Le plus significatif est à la scène 4 de l'acte II, lorsqu'Eliante, avec malice, démonte les contradictions entre les défauts de la femme aimée et les qualités qu'en fait l'amant, à l'issue d'une plaisante transformation ; ainsi :

> « La pâle est aux jasmins en blancheur comparable ;
> La noire à faire peur, une brune adorable » (v. 717-718).

LA FARCE

Le registre de la farce, ce comique réputé comme étant le plus bas, est cultivé ici par Molière avec une relative discrétion. C'est que *Le Misanthrope,* on l'a constaté, est plus une pièce sérieuse qu'une pièce comique. Cette tonalité apparaît, suggérée par le texte, dans les attitudes, et fait alors intervenir un comique de gestes : c'est l'emportement d'Alceste qui doit se concrétiser par un jeu plein de mouvement ; c'est l'emphase d'Oronte en train de lire son sonnet (acte I, scène 2) ; ou c'est la distinction exagérée des petits marquis. Elle est déjà plus visible dans l'ébauche de poursuite, lorsqu'à la scène 3 de l'acte I Philinte, malgré les protestations d'Alceste, colle obstinément à ses pas. Elle est évidente, lorsque le valet Du Bois, valet niais de la farce, dont la gesticulation désordonnée traduit l'inadaptation et l'inefficacité, montre son visage ahuri (acte IV, scène 4).

8 Un personnage aux multiples visages : les interprétations scéniques d'Alceste

Homme de bien refusant la perversion de la société selon Jean-Jacques Rousseau, janséniste épris d'absolu, ou socialiste rigoureux pour d'autres, Alceste a donné lieu à des interprétations diverses et souvent divergentes. Sur la scène, la conception du rôle a été elle aussi marquée par une grande variété, subissant en particulier des variations de ton entre le pôle comique et le pôle tragique.

Au XVIIe siècle, lors de la création, Molière en avait fait un personnage marqué par la bizarrerie. Le situant à la limite du ridicule, il en avait souligné les contradictions et avait su le jouer avec le dynamisme, avec l'allant qui caractérisait sa technique d'acteur. A sa mort et jusqu'en 1720, Baron reprend le rôle. Il atténue le comique du misanthrope, le rapproche de l'homme du monde en lui prêtant politesse, urbanité, humanité et bonhomie.

Au XVIIIe siècle, les interprètes vont accentuer cette tendance. Dancourt réduit encore la dimension comique de la création. Avec Molé et Damas, la violence de la passion et des réactions prêtées à Alceste oriente la pièce vers le drame. Au XIXe siècle, l'évolution connaît son aboutissement : Delaunay, puis Worms font du misanthrope une véritable construction tragique.

Au XXe siècle, nombreux sont les acteurs de talent qui incarneront le personnage. 1922 voit s'affronter deux interprétations différentes, toutes deux de tonalité tragique : Lucien Guitry campe, avec Alceste, le juste vaincu par l'injustice des hommes tandis que Copeau le présente comme un être à la recherche de la spiritualité. Avant la dernière guerre, Jean-Louis Barrault continue à donner à la pièce une orientation sérieuse. Mais il rompt quelque peu avec la tradition établie en prêtant sa jeunesse à un personnage généralement joué par des acteurs plus âgés : il en fait un philosophe, discoureur plein de sagesse, malgré son peu d'expérience. En 1947, Jean Marchat retourne aux sources en redonnant au rôle toute sa dimension comique fâcheusement gommée.

Parmi les créations récentes, deux méritent de retenir plus particulièrement l'attention : en 1977, dans la mise en scène de Jean-Pierre Vincent, à Strasbourg, Alceste est présenté comme l'homme traqué, perpétuellement surveillé par un pouvoir royal déshumanisé. Victime de la peur que l'on suscite en lui, il sombre, malgré ses efforts, dans une folie de la persécution qui perturbe gravement ses relations avec ses proches. En 1978, à Avignon, Antoine Vitez a donné de la pièce une vision originale ; il en a fait un des éléments d'un ensemble : *Le Misanthrope* constituait une partie d'un cycle qui réunissait par ailleurs *L'Ecole des femmes*, *Tartuffe* et *Dom Juan*. Dans cette perspective qui avait le mérite de souligner la cohérence de l'écriture moliéresque, le misanthrope est présenté comme un martyr, victime du jeu social, au même titre que l'hypocrite ou le séducteur.

Au début de l'étude du *Misanthrope*, une question était posée : cette pièce est-elle susceptible d'intéresser de nos jours des lecteurs ou des spectateurs ? Ou bien, au contraire, s'est-elle progressivement vidée, au cours des siècles, de toute sa substance ? Le constat du nombre et de la variété des mises en scène confirme cette richesse de l'œuvre que l'analyse avait dégagée. Il s'agit d'une de ces créations porteuses de multiples niveaux de sens, grosses d'infinies interprétations qui conviennent à toutes les époques, parce que chaque période de l'histoire humaine peut y trouver un aspect qui la concerne, peut y voir la réponse à ses interrogations, le reflet de ses préoccupations profondes.

Pour mieux lire
« Le Misanthrope » :
bibliographie

● **Les éditions**

Le Misanthrope figure dans toutes les éditions complètes du théâtre de Molière. Parmi ces très nombreuses intégrales, on peut citer notamment, pour la richesse des commentaires et des notes :
– Georges Couton, *Molière, Œuvres complètes*, Paris, Gallimard, Bibliothèque de la Pléiade, 1971.
– Jacques Scherer, *Théâtre complet de Molière*, Paris, Club du livre, 1964.

On peut mentionner aussi, pour sa commodité :
– Molière, *Œuvres complètes*, Paris, Editions du Seuil, Collection L'Intégrale, 1968.

Les éditions séparées de la pièce – la première date de 1666 – sont également en très grand nombre. On conseillera plus particulièrement :
– Edouard Lop et André Sauvage, *Le Misanthrope suivi de La Lettre sur la comédie du Misanthrope*, Paris, Editions sociales, 1963, qui donne le texte de Donneau de Visé, sorte d'introduction à l'édition originale de la pièce.
– Robert Jouanny et Georges Chappon, *Le Misanthrope*, Paris, Hatier, 1964.

● **Le contexte politique et culturel**

Parmi les études qu'il serait utile de consulter pour mieux situer *Le Misanthrope* dans son contexte, on peut relever :
– Antoine Adam, *Histoire de la littérature française au XVIIe siècle*, Paris, Domat-Monchrestien, 1948-1956. Ouvrage de références qui permettra d'apprécier la place de l'œuvre de Molière dans la production de l'époque.

– Robert Garapon, *La Fantaisie verbale et le comique dans le théâtre français du Moyen Age jusqu'à la fin du XVIIe siècle*. Utile pour saisir l'originalité de l'écriture comique moliéresque.
– Hubert Méthivier, *Le Siècle de Louis XIV*, Paris, P.U.F. 1966. Description de l'état de la situation politique et sociale à l'époque de Molière.
– Jacques Scherer, *La Dramaturgie classique en France*, Paris, Nizet, 1950. Analyse détaillée de l'évolution de l'écriture théâtrale au XVIIe siècle.

● **Etudes sur la carrière et la vie de Molière**

Parmi les innombrables études consacrées à la vie et à l'œuvre de Molière, on peut retenir :
– Mikhaïl Boulgakov, *Le Roman de Monsieur de Molière*, Folio, 1973, dont la lecture facile est très agréable.
– René Bray, *Molière homme de théâtre*, Paris, Mercure de France, 1954, qui se penche essentiellement sur la carrière dramatique de l'auteur du *Misanthrope*.
– Maurice Descotes, *Molière et sa fortune littéraire*, Saint-Médard-en-Jalles, Ducros, 1970, qui analyse l'évolution des interprétations de l'œuvre de Molière.
– Gustave Michaut, *La Jeunesse de Molière*, Paris, Hachette, 1922 ; *Les Débuts de Molière*, Paris, Hachette, 1923 ; *Les Luttes de Molière*, Paris, Hachette, 1925. Etude complète de la vie de Molière.
– Léon Thoorens, *Le Dossier Molière*, Verviers, Bibliothèque Marabout Université, 1964. Source précieuse de renseignements sur les conditions entourant la rédaction des pièces.

● **Etudes sur « Le Misanthrope »**

En dehors des études qui figurent dans les éditions, on peut signaler :
– Jacques Guicharnaud, *Molière, une aventure théâtrale, Tartuffe, Dom Juan, Le Misanthrope*, Paris, Gallimard, 1963. Une intéressante mise en parallèle des trois pièces majeures de Molière.
– René Jasinski, *Molière et Le Misanthrope*, Paris, Nizet, 1963.
– Alain Niderst, *Le Misanthrope de Molière*, Paris, Europe édition, 1969, qui présente notamment une analyse de la genèse de la comédie.

Imprimé en France, par l'Imprimerie Hérissey à Évreux (Eure)
Dépôt légal : 8722 - Janvier 1992 — N° d'impression : 56659